O Efeito Medici

Frans Johansson

O Efeito Medici

Como realizar descobertas revolucionárias na interseção de idéias, conceitos e culturas

Tradução
Bruno Casotti
Doralice Lima

BestSeller

CIP-BRASIL. CATALOGAÇÃO-NA-FONTE
SINDICATO NACIONAL DOS EDITORES DE LIVROS, RJ

J63c
Johansson, Frans
O Efeito Medici / Frans Johansson; tradução Bruno Casotti e Doralice Lima. – Rio de Janeiro: Best*Seller*, 2008.

Tradução de: The Medici Effect
ISBN 978-85-7684-204-0

1. Inovações tecnológicas – Administração. 2. Pensamento criativo. I. Título.

08-0293. CDD: 658.4063
CDU: 658.5

Título original
The Medici Effect

Capa: Sense Design
Diagramação: ô de casa

Direitos exclusivos de publicação em língua portuguesa
para o Brasil adquiridos pela
EDITORA BEST SELLER LTDA.
Rua Argentina, 171, parte, São Cristóvão
Rio de Janeiro, RJ – 20921-380
que se reserva a propriedade literária desta tradução

Impresso no Brasil
ISBN 978-85-7684-204-0

A meus pais,
pelo apoio a cada idéia que decidi perseguir

Agradecimentos

Embora toda a minha vida, de algum modo, tenha apontado para este livro, a idéia de que eu deveria escrevê-lo me apareceu, certa manhã, do nada. Admito que tenho idéias dessa maneira o tempo todo, mas apenas parte delas acaba realmente se concretizando. Esta se concretizou – e por isso sou muito grato àqueles que me apoiaram durante o processo.

Em primeiro lugar, gostaria de agradecer a Teresa Amabile, uma importante pesquisadora de criatividade e minha ex-professora na Harvard Business School. O pronto entusiasmo de Teresa pelo livro me deu a inspiração necessária para iniciá-lo. Na primeira vez em que nos encontramos para falar sobre este projeto, ela me perguntou se eu sabia onde estava me metendo. Com certeza, eu disse. Mas é claro que eu não tinha pista alguma. Nunca percebi o quanto seria trabalhoso reunir incontáveis horas de entrevistas e milhares de páginas de pesquisa. No final, foi minha paixão pelo tema que tornou isso possível – exatamente como Teresa havia previsto.

Enquanto eu escrevia este livro, tive a oportunidade de conhecer algumas pessoas incríveis, que generosamente se ofereceram para compartilhar suas experiências comigo. Sou profundamente grato a todas elas. Embora a maioria apareça neste livro, o mesmo não ocorre com outras, e quero identificá-las aqui. Obrigado a Marcus Ahman, Susan Bird, Marguerite Bouvard, Martha Brass, Gregory Costikyan, Tobias Dahl, Edie Fraser, Bruno Giletti, Jim Head, Rosabeth Moss Kanter, Arcadia Kim, Paul Lawrence, Luke Visconti e Michael Wheeler.

Muitos amigos próximos usaram seu precioso tempo para ler o manuscrito e compartilhar comigo suas idéias e comentários sobre como aprimorá-lo. Kristian Ribberström, Mark Tracy e Tom Gates fizeram mais do que poderiam nesse sentido. Agradeço especialmente a Kristian Ribberström, por nos deixar adaptar sua ilustração para a Figura 7-1. Também sou muito grato por toda a ajuda, retorno e apoio que tive de Chantal Yang, Lisa Onaga, Roland Adolfsson, Martin Johansson, Raphael Brown, Elin Andersson, Chris Yeh e Ahmed Alireza.

Tive a sorte de trabalhar com um grupo ótimo de pessoas na HBS Press. Muito obrigado a Hollis Heimbouch, que não apenas viu o potencial do livro, como também acreditou que eu poderia fazê-lo. E agradeço imensamente a meus editores, Jacque Murphy e Astrid Sandoval, que me ajudaram a corresponder a essas expectativas. Agradeço especialmente a Jacque, que, com uma precisão quase anormal, apontou os problemas em meu manuscrito – e em seguida, gentilmente, sugeriu como eu deveria resolvê-los. Sem ela, o texto ainda estaria na Idade da Pedra.

Agradeço profundamente à minha Tia Lena, que me emprestou sua casa de veraneio, numa ilha na costa da Suécia, por alguns meses maravilhosos de outono. Foi o lugar perfeito para eu começar a escrever este livro. Também sou grato à minha irmã, Sandra, que me ajudou a analisar cada palavra do manuscrito durante dias e noites, enquanto o fim dos prazos se aproximava. Ela conseguiu me olhar diretamente no rosto e me dizer que um capítulo inteiro teria de ser modificado 12 horas antes do fim do prazo. E estava certa. Obrigado também a meu primo Christian, por ser quem ele é – o mais próximo dos amigos.

A meus pais, meu mais profundo agradecimento. Durante toda a minha vida, eles têm sido minha maior fonte de inspiração, não importando o tipo de empreendimento que eu tenha buscado. Por isso, devo a eles mais do que jamais saberão. Eles são o exemplo mais fiel de uma vida gloriosa na Interseção.

Finalmente, quero agradecer à minha noiva, Sweet Joy. Ela me ajudou a ver a diferença entre o que eu queria dizer e o que eu estava realmente dizendo – e me ajudou a resolver isso. Começamos a namorar na mesma semana em que tive a idéia deste livro, e ela tolerou e apoiou, com um entusiasmo quase incompreensível, todas as idiossincrasias de um escritor bastante concentrado. Por isso, e por muitas outras coisas, sou-lhe eternamente grato.

Sumário

PARTE DOIS
Criando o Efeito Medici

Prefácio

"Descobrindo um continente a cada semana"

MILHARES DE LIVROS de negócios são lançados no mundo inteiro todo ano. Quase todos apresentam receitas incríveis, mapas para o sucesso e estão repletos de dicas que mostram, passo-a-passo, o caminho à glória.

Você não vai encontrar isso em *O Efeito Medici*, e esse já é um motivo razoável para levá-lo a sério. Outra razão interessante, e até surpreendente, tem a ver com o fato de você, provavelmente, viver, estudar ou trabalhar no Brasil. E agora você deve estar se perguntando que tipo de relação um livro sobre inovação pode ter com o lugar onde você mora.

O Brasil nunca esteve tão próximo de, finalmente, mostrar a que veio. Indicadores econômicos, aberturas recorde de capital, o BRIC. São muitos os indicativos do crescimento econômico que o Brasil está vivendo. O momento é de consistência, de arriscar e de, principalmente, criar uma cultura de inovação num país incrivelmente propício para que ela aconteça, segundo Frans Johansson, autor do livro.

Não, ele não cita o Brasil como um celeiro de inovações. Mas menciona a força que a Interseção – seja de pontos de vista, culturas, países, etnias, áreas de atuação – tem para criar revoluções. E nosso país está muito bem à luz do conceito de Johansson: somos grandes em diversidade cultural e étnica, somos criativos em diversos campos e somos uma enorme nação de sobreviventes. Indivíduos e organizações que conseguem viver e crescer num país em formação e que, além de precisar urgentemente de reformas e investimentos, cultiva a mentalidade do "jeitinho brasileiro" que nos atrasa tanto mas, por outro lado, nos ensina a improvisar. E a capacidade de reagir bem às mudanças e toda essa diversidade cultural é ouro em pó, segundo o livro.

Mas não adianta termos essa riqueza em profusão se não soubermos como e onde aplicá-la. Aí é que entram os sólidos conceitos que a obra de Johansson mostra de modo tão incisivo e, por incrível que pareça, simples:

- Criar cultura de inovação dá trabalho;
- Criatividade não é inovação. Não basta ter uma idéia. Ela precisa ser valiosa para uma sociedade e também ser realizada;
- Aceitar a diferença não é o mesmo que difundi-la e estimulá-la. Por exemplo, somente colocar áreas diferentes e repertórios de vida distintos na mesma sala não fará uma empresa inovar. É preciso estimular e ouvir, muito;

- Empresas e pessoas falam constantemente de inovação no sentido de revolução, quebra de paradigmas. Mas no dia-a-dia acabam aplicando a forma mais simples dela, a direcional, que além de não ser nada revolucionária, é efêmera e envolve refinamentos e ajustes em processos e produtos – sem contar que isso nossos concorrentes também fazem.

Ao utilizar o exemplo da família Medici e do Renascimento como metáfora poderosa de seu estudo e método, Johansson demonstra o quanto o momento que estamos vivendo é propício a transformações. Estamos na era das inovações que nasceram na interseção de campos, de áreas de atuação, nas mãos de indivíduos com objetivos diferentes que, juntos, são capazes de gerar ferramentas poderosíssimas.

A Internet, as mídias sociais e a globalização geraram benefícios que num passado recente eram inimagináveis. O fato é que hoje é possível ler de tudo em qualquer lugar e conversar com gente do mundo inteiro. O livro é exatamente sobre como diversas pessoas, empresas e instituições estão lidando com tudo isso e, principalmente, sobre o que todas elas têm em comum – a Interseção. E o que é melhor: o leitor pode verificar exatamente como todo o processo ocorre e onde o conceito Interseção se concretiza. E quando um autor consegue tornar tangível para o leitor as idéias que defende, é sinal de que um objetivo maior foi atingido. Em *O Efeito Medici* tudo parece simples, transparente e, o que é melhor, próximo da realidade de quem lê.

Frans Johansson estudou e organizou centenas de processos, estudos e inovações e se colocou no lugar do leitor ao escrever este livro com uma linguagem que flui, acolhe e cativa. O resultado não poderia ser diferente: quem lê não se sente perdido ou excluído do mundo dos que inovam e revolucionam. Ao contrário, a cada capítulo se sente à vontade para, quando fechar o livro, aplicar o que leu e iniciar uma pequena mudança de paradigma.

O livro também tem a capacidade impressionante de separar o conceito de inovação do conceito de tecnologia. Fato memorável, pois a mistura desses conceitos muitas vezes impede que as pessoas e as empresas percebam que há muito para inovar em seus ambientes corporativos e que, para isso, não é necessário criar o próximo Google. É possível inaugurar um restaurante incrível, com diferencial, em Nova York ou um jogo – de cartas e não de computador – que abra as portas de uma nova indústria.

Um grande inovador brasileiro (e que não entendia nada de tecnologia) foi o jornalista, dramaturgo e escritor Nelson Rodrigues. Ele dizia que "O gênio é o profeta do óbvio". Ele inventou o teatro moderno brasileiro e até hoje o seu estilo para crônicas esportivas e da vida privada cativa leitores e influencia gerações de jornalistas e escritores que vieram após ele.

O Efeito Medici tem o mérito de mostrar casos e processos que nos dão a sensação de obviedade abordada por Nelson. Assim, é inevitável para o empresário que leu este livro o impulso de aplicar todo o conhecimento adquirido com o texto na franquia de sua lavanderia recém-inaugurada, ou, para o diretor financeiro, o desejo imediato de aplicar todo o novo conhecimento na próxima reunião de board. Não estranhe que o diretor financeiro seja capaz de inovar, pois isso o livro também deixa bem claro: a inovação que vem de fora das áreas onde ela geralmente acontece (produto, planejamento estratégico, tecnologia ou marketing) é muitas vezes a mais poderosa, pois ela nasce de uma perspectiva completamente externa ao problema ou à necessidade.

Sou avesso a provérbios e prefiro citações, pois acredito que eles são baseados em dogmas e elas, baseadas em prática, erros e acertos.

Mas os dois – um provérbio e uma frase de um amigo que é um grande empresário e visionário – vieram à minha mente durante a leitura deste livro:

> *"Duas cabeças pensam melhor do que uma"* e *"Uma questão primordial para o país não acontecer é que nós sempre queremos criar o melhor método genuinamente brasileiro e ele nunca é aplicável ou sai do papel".*

Na verdade, é isso o que *O Efeito Medici* mais defende, por mais simples que possa parecer: estar na Interseção não é somente combinar dois conceitos diferentes numa idéia nova. A Interseção representa um lugar que potencializa e aumenta drasticamente as chances de combinações incomuns ocorrerem. Mas para isso precisamos também olhar para o que está acontecendo à nossa volta e analisar pontos de vista distintos.

Ler o livro já é um bom começo. E neste caso, um livro provocador e desafiador. Sem regras e termos atuais para usar durante uma reunião e impressionar o chefe ou o colega de trabalho.

Johansson faz a seguinte pergunta: Quantas vezes você pode descobrir um continente nos dias de hoje? Você rapidamente responderá: nenhuma. Mas o autor lhe mostrará alguns continentes que foram descobertos e que movimentam bilhões de dólares e mudam a vida de pessoas, como por exemplo a Pixar, de Steve Jobs e, num outro extremo, a invenção da vacina ou do GPS. Exemplos de como a Interseção está entre nós há mais tempo do que imaginávamos.

Talvez estejamos num momento importante – estudantes, profissionais, empreendedores e executivos – que é o de descobrir quantos *continentes-inovações* existem dentro do Brasil. Faremos isso ao termos uma atitude renascentista de lidar com nossas empresas (pequenas, médias ou grandes), marcas e projetos, sem a onda de futurologia que assola todos os mercados, mas enxergando tendências e padrões existentes e integrando-os com o que sabemos. E ao percebermos que a riqueza está na diferença de perspectiva e não na concordância do senso comum.

Sendo assim, *O Efeito Medici* é leitura obrigatória para quem cansou de ouvir que o Brasil é o país do futuro. Nós estamos no país da Interseção. Agora precisamos "apenas" inovar.

Boa leitura.

MAURÍCIO MOTA*

---

*Planejador estratégico e generalista especializado em Inovação. Desenvolveu projetos para empresas e instituições como Oi, ONU, MEC, TV Globo, Kraft Foods, Grupo Odebrecht, Itaú, Grupo Meio & Mensagem e MIT (Massachusetts Institute of Technology). Escreve diariamente no blog "Os Alquimistas estão chegando" (www.autoria.com.br/osalquimistas).

Introdução

O PETER'S CAFÉ fica numa encosta em Horta, cidade portuária numa das ilhas dos Açores, no meio do oceano Atlântico. No momento em que você chega ao cais do porto, pode notar que é um lugar especial. Veleiros e bandeiras se alinham nos píeres com suas pinturas coloridas e vibrantes – centenas e centenas deles, atracados por capitães e tripulantes em visita, vindos de todo canto do planeta. Horta é o lugar entre as Américas e a Europa onde navegadores que viajam pelo mundo param para descansar. Alguns estão indo para Fiji, outros, para a Espanha. Alguns estão fazendo seu segundo passeio pelo mundo, outros, simplesmente descansando antes da última etapa até o Brasil. Eles vêm de experiências e culturas diferentes. E todos convergem para o rústico Peter's Café. Ali, podem apanhar cartas enviadas um ano antes por outros viajantes de todo o mundo ou simplesmente sentar-se para conversar diante de uma cerveja ou uma taça de vinho Madeira.

Quando vi esse lugar pela primeira vez, percebi que o ambiente sereno do Café na verdade escondia um universo caótico. Lá, havia muitas idéias e pontos de vista de todos os cantos do mundo, e essas idéias estavam se misturando e colidindo entre si.

– Veja bem, eles não usam anzóis quando estão pescando marlim em Cuba – diz um visitante.

– Então, o que usam? – pergunta outro.

– Trapos. A isca fica coberta de trapos. Quando o peixe bate nos trapos, estes se enrolam em sua cabeça e não o deixam sair, por causa da fricção. O peixe não se fere e pode ser solto, sem problemas.

– Isso é ótimo. Talvez a gente possa usar algo assim...

As pessoas ali participam do que parece ser uma combinação de idéias quase aleatória. Uma conversa leva a outra, e é difícil descobrir qual será a próxima idéia. O Peter's Café é um ponto de ligação no mundo, um dos maiores que já vi.

Existe outro lugar exatamente como o Peter's Café, mas não nos Açores: nossa mente. É um lugar onde diferentes culturas, domínios e disciplinas fluem juntos para um único ponto. Eles se conectam, permitindo que conceitos estabelecidos se esbarrem e se combinem, criando uma multiplicidade de idéias extraordinárias. Esse lugar, no qual diferentes campos se encontram, é o que chamamos de Interseção. E a explosão de inovações que você encontra ali é o que chamamos de Efeito Medici. Este livro é sobre como criá-lo.

Criando o Efeito Medici

A IDÉIA POR TRÁS DESTE LIVRO é simples: quando você chega a uma interseção de campos, disciplinas ou culturas, pode combinar conceitos existentes em um grande número de novas idéias extraordinárias. O nome que eu dei a esse fenômeno, Efeito Medici, vem da incrível explosão de criatividade na Itália do século XV.

Os Medici eram uma família de banqueiros de Florença que financiava criadores de uma ampla variedade de disciplinas. Graças a essa família e a algumas outras como ela, escultores, cientistas, poetas, filósofos, investidores, pintores e arquitetos convergiram para a cidade de Florença. Ali eles se encontraram, conheceram-se e romperam barreiras entre disciplinas e culturas. Juntos, formaram um novo mundo baseado em novas idéias – o que ficou conhecido como Renascimento. Como resultado, a cidade se tornou o epicentro de uma explosão de criatividade, uma das eras mais inovadoras da história. Os efeitos da família Medici podem ser percebidos até hoje.

Nós também criamos o Efeito Medici. Podemos causar essa explosão de idéias extraordinárias e tirar vantagem dela como indivíduos, como equipes e como organizações. Podemos fazer isso reunindo diferentes disciplinas e culturas e procurando os lugares onde elas se conectam. *O Efeito Medici* mostrará a você como encontrar essas idéias intersecionais e fazê-las acontecer. Este não é um livro sobre a era do Renascimento, nem sobre a família Medici. É um livro sobre os elementos que tornaram aquela era possível. É sobre o que ocorre quando você entra numa interseção de diferentes culturas e disciplinas e traz as idéias que encontra ali para a vida.

Percepção surpreendente

Mick Pearce, um arquiteto com interesse em ecologia, aceitou um intrigante desafio da Old Mutual, um conglomerado de seguros e imóveis: construir um prédio de escritórios atraente e funcional que não usasse ar-condicionado. Ah, e isso em Harare, capital do Zimbábue.[1]

Nessas circunstâncias, a idéia pode parecer ridícula. Afinal de contas, em Harare pode fazer muito calor. Mas Pearce, que nasceu no Zimbábue, estudou na África do Sul e se especializou em arquitetura em Londres, estava disposto a enfrentar o desafio. E o venceu baseando seus desenhos arquitetônicos no modo como os *cupins* resfriam seus montes de barro e terra que parecem torres. Qual é a ligação?

Os cupins têm de manter a temperatura interna de seus montes em 30°C constantes, para que um fungo essencial possa crescer. Não é uma tarefa fácil, uma vez que a temperatura nas planícies africanas pode passar de 37°C durante o dia para menos de 4°C à noite. Ainda assim, os insetos conseguem fazer isso engenhosamente, direcionando brisas na base do monte para câmaras de barro frio e úmido e em seguida redirecionando esse ar resfriado para o alto. Construindo constantemente novas passagens e fechando outras, eles conseguem regular a temperatura com bastante precisão.

Os interesses de Pearce vão claramente além da arquitetura. Ele também é apaixonado pela compreensão de ecossistemas naturais, e de repente esses dois campos fizeram uma interseção. Pearce se associou ao engenheiro Ove Arup para fazer essa combinação de conceitos se tornar realidade. O prédio de escritórios, chamado Eastgate, foi inaugurado em 1996 e é o maior edifício comercial do Zimbábue. Mantém uma temperatura estável de 22 a 25°C e usa menos de 10 por cento da energia consumida por outros prédios de seu tamanho. Na verdade, a Old Mutual economizou, de pronto, 3,5 milhões de dólares, porque não precisou instalar um sistema de ar-condicionado. O Eastgate acabou se tornando uma referência para arquitetos – foi tema de artigos e livros e recebeu vários prêmios. Mick Pearce é conhecido como inovador por criar um novo campo de desenho arquitetônico – um campo que "copia os processos da natureza".[2]

Como foi que Pearce criou um projeto tão inovador? Foi sorte? Talvez, porque a sorte é parte de tudo o que fazemos. A pergunta mais intrigante é: o que Pearce fez para aumentar suas chances de realizar essa descoberta? Ele foi o responsável pela própria sorte? A resposta é sim, e os motivos estão no cerne da mensagem deste livro. Pearce entrou na Interseção, um lugar em que pôde combinar desenhos arquitetônicos com processos da natureza. Foi sua vontade de explorar essas combinações que tornou mais provável sua descoberta bem-sucedida. A Interseção não é, certamente, o único lugar para descobrir novas idéias, mas argumentarei que é o melhor lugar para gerar e perceber idéias extraordinárias.

Um lugar para todos

Mick Pearce é um exemplo de pessoa que encontrou a Interseção e lá fez descobertas bem-sucedidas. A partir desse exemplo, pode-se ter a impressão de que a Interseção é um lugar apenas para projetistas e artistas. É fácil associar criatividade com arte, mas a criatividade inclui novas idéias em todos os campos, de ciência e negócios até direito e política.

Considere, por exemplo, o que seria a antítese do artista idealista: George Soros, um dos mais respeitados investidores de nossa época. Talvez ele seja mais conhecido como o homem que quebrou o Bank of England em 1992. Soros lucrou mais de 1 bilhão de dólares em *uma tarde* ao apostar que a libra esterlina estava supervalorizada.

Embora também já tenha sofrido algumas perdas consideráveis, ele tem um currículo de investidor impressionante, tendo gerado bilhões para sua fundação.

Talvez seu legado mais importante não seja, porém, o dinheiro que ele acumulou para seu sócio, mas suas idéias sobre democracia, sua filosofia relacionada ao capitalismo e sua aproximação da filantropia. Soros reuniu idéias dos campos de finanças e filosofia para criar uma estratégia filantrópica inovadora. Essa estratégia, que em sua audácia não apresenta precedentes, teve como foco a transformação de nações em sociedades baseadas no reconhecimento de que ninguém tem o monopólio da verdade – o que ele chama de "Sociedades Abertas". Em *Soros, a vida de um bilionário messiânico*, Michael Kaufman aborda da seguinte maneira uma viagem exploratória que Soros fez para compreender o mundo: "Durante o processo, ele se ocupou digressivamente de dezenas de temas, entre os quais os limites do conhecimento, o desenvolvimento da arte moderna, as falhas da economia clássica, o valor da falibilidade e até as perspectivas de reformas fundamentais na União Soviética."[3]

George Soros encontrou a Interseção. Encontrou uma maneira de conectar campos completamente separados e conseguiu fazer isso de um modo significativo. Exatamente como Mick Pearce.

Conexões em toda parte

Tudo isso pode soar de alguma maneira improvável. As grandes descobertas inovadoras, que podem criar um Efeito Medici, podem ser explicadas pela interseção de disciplinas e culturas? E, se podem, é possível compreender a natureza dessa interseção e explorar seu poder? A resposta é sim, nos dois casos. Em *O Efeito Medici*, tenho três objetivos:

1. O primeiro deles, explicar o que é exatamente a Interseção e por que podemos esperar muito mais dela no futuro. Você verá como três forças cruciais estão trabalhando juntas para aumentar o número de interseções no mundo.
2. O segundo, explicar por que penetrar na Interseção cria o Efeito Medici. Você verá por que esse é um lugar tão vibrante para a criatividade e como podemos usar interseções para gerar idéias notáveis, surpreendentes e revolucionárias.
3. Finalmente, o terceiro objetivo é descrever os desafios únicos que enfrentamos ao executar idéias intersecionais e como podemos superar esses desafios. Você verá como a execução na Interseção é diferente da execução em campos estabelecidos, e aprenderá a se preparar para essas diferenças.

Para cumprir esses três objetivos, apoiei-me no trabalho de importantes pesquisadores de criatividade e inovação, tais como Dean Keith Simonton, Clayton Christensen, Teresa Amabile e Robert Sutton, e em uma série de psicólogos, economistas e sociólogos. Minhas descobertas e conclusões mais interessantes provêm, no entanto, de numerosas conversas e entrevistas com pessoas que vivem e atuam na Interseção. As histórias de como elas descobriram seu caminho para a Interseção e como criaram o Efeito Medici contêm surpresas e percepções valiosas suficientes para preencher facilmente dois ou três livros.

Você conhecerá, por exemplo, um matemático de Seattle que penetrou na interseção de jogos e objetos colecionáveis para criar uma das atividades recreativas que se espalham mais rapidamente pelo mundo. Aprenderá como ele fez isso e por que essas lições são válidas para qualquer pessoa na Interseção. Lerá sobre um empreendedor que penetra na Interseção sempre que dá início a uma nova empresa. Sua história mostrará como podemos encontrar coragem à beira da incerteza. Encontrará uma médica que fez uma conexão entre prevenção de violência e assistência médica. Na época, ninguém entendeu a ligação, e sua luta para concretizar suas idéias demonstra os desafios que qualquer pessoa enfrenta na Interseção. Durante essa viagem, você conhecerá também uma mulher que caminhou por uma ilha de prisioneiros infestada de cobras na costa da Colômbia para coletar rochas magmáticas para sua pesquisa. Lerá sobre um chef que, aos 24 anos, surpreendeu o mundo com suas combinações de alimentos, e aprenderá sobre uma equipe de pesquisadores que descobriu como ler a mente de um macaco.

Esses indivíduos e seus atos impressionantes de inovação nos ajudam a entender o poder da Interseção. Todos eles conseguiram conectar campos que considerávamos não-relacionados. Quando fizeram isso, geraram idéias que mudaram a si mesmos, suas organizações e, no fim das contas, parte de nosso mundo. A partir desses exemplos, podemos aprender como agir da mesma forma. Suas histórias respondem às perguntas centrais que este livro apresenta: como criamos uma explosão de idéias extraordinárias e como fazemos essas idéias acontecerem? As respostas poderão surpreendê-lo.

PARTE UM

A Interseção

CAPÍTULO um

A Interseção – sua melhor chance de inovar

MACACOS E LEITORES DA MENTE

NA PRIMAVERA DE 2002, uma equipe de pesquisadores da Brown University, em Providence, Rodhe Island, realizou uma experiência extraordinária.[1] A experiência foi mais ou menos assim: um macaco reso é treinado para jogar um jogo no computador. O objetivo do jogo é usar um cursor amarelo para perseguir um ponto vermelho que se move aleatoriamente na tela, como um errático disco de hóquei. O jogo parece destinado a crianças, exceto por uma diferença considerável: o macaco não usa um mouse nem um *joystick* para jogar. Em vez disso, move o cursor com a mente. Ele controla a direção do cursor mentalmente.[2]

Quando esses resultados foram publicados na prestigiosa revista científica *Nature*, tornaram-se provavelmente a reportagem científica mais divulgada sobre a Brown University.[3] No dia em que o boletim de imprensa circulou pelo mundo, Mijail Serruya, o estudante de pós-graduação que estava por trás das experiências, foi bombardeado por telefonemas de todos os cantos do planeta. "Eu estava indo ao banheiro para escovar os dentes, meio sonolento, e era 'Alô, aqui é da BBC'", relembra Serruya. Os repórteres queriam saber tudo, desde a possibilidade de as pessoas usarem a tecnologia como instrumento militar até se ela ajudaria um viciado em televisão a levantar o traseiro da poltrona.

Essa história é especialmente irresistível não apenas pelo que a equipe de cientistas descobriu, mas também porque resultou de um esforço deliberado para encontrar uma interseção de disciplinas. O grupo por trás dessa descoberta especial era formado por matemáticos, médicos, neurocientistas e cientistas de computação, todos desempenhando papéis essenciais para compreender como o cérebro trabalha. A equipe estava firmemente plantada na Interseção – e por esse motivo ganhou uma fortuna.

Isso não aconteceu por acaso. O professor Leon Cooper, pioneiro nos esforços em pesquisas sobre a ciência do cérebro na Brown University, teve um interesse especial em reunir uma série de disciplinas para compreender a mente humana.[4] O próprio Cooper tem interesses amplos. Quando recebeu o Prêmio Nobel por seu trabalho sobre física do estado sólido, quase três décadas antes da experiência de "leitura da mente", já havia trocado de campo uma vez. Havia concentrado esforços na ciência do cérebro e fundado, entre outras coisas, a Nestor, Inc., uma das primeiras empresas de rede neural* dos Estados Unidos.[5] Cooper testemunhara os benefícios impressionantes de reunir diferentes campos e fez disso parte essencial da estratégia do Programa de Ciência do Cérebro. "A pesquisa do cérebro é diferente da pura pesquisa de física. A carac-

*Empresas que aplicam tecnologia cujos elementos simulam uma rede de neurônios, ou seja, a maneira como o cérebro processa informações. (*N. do T.*)

terística básica é que você tem de formar um tipo de equipe diferente", disse-me Cooper certa tarde. "Nossa abordagem multidisciplinar nos diferencia e nos dá uma chance de fazer novas descobertas nessa área." A experiência de leitura da mente é um excelente exemplo do que ele estava falando.[6]

Nesse caso, a equipe havia conseguido "espreitar" a parte do cérebro que planeja o movimento. Minúsculos eletrodos implantados liam sinais das células cerebrais do macaco, e um computador decifrava por meio de técnicas avançadas de estatística. O que antes era um monte de dados incompreensíveis sobre o cérebro agora podia ser traduzido para o que o macaco estava pensando. Como resultado, a equipe pôde transformar pensamentos em ação em tempo real. A incrível descoberta foi o resultado da reunião de pessoas diferentes, de áreas diferentes, com o objetivo de achar um lugar para suas idéias se encontrarem, colidirem e se ampliarem umas sobre as outras.

As implicações dessa descoberta são enormes. "Esse implante é potencialmente bastante adequado a seres humanos", diz Mijail Serruya. "Representa uma promessa consistente para acharmos que um dia ele poderá ser conectado via computador a um paciente paralisado a fim de recuperar a interação desse indivíduo com o ambiente." Pensando no futuro, afirma Serruya, um braço protético que se mexe com o pensamento já não é apenas um sonho de ficção científica.[7]

Hoje, o Programa de Ciência do Cérebro, agora chefiado por John Donoghue, é integrado por pesquisadores de ciências cognitivas, neurociência, computação científica, biologia, medicina, psicologia, psiquiatria, física e matemática. Tanto Cooper quanto Donoghue acreditam que é essencial entrar na interseção dessas diversas áreas para chegar às idéias revolucionárias que vão impulsionar algumas descobertas. "Por exemplo, esbarrar um dia com um especialista em estatística num corredor pode levar a uma discussão que resolva um problema específico com o qual estou lutando", explica Donoghue. Os pesquisadores não estão bem certos sobre quando algo interessante vai acontecer, mas, se continuarem conversando, sabem que acabará acontecendo.[8]

Idéias criativas e inovação

Por que exatamente chamamos de inovadoras essas experiências feitas pela equipe do Programa de Ciência do Cérebro? O fato de a maioria das pessoas se surpreender ao ver o macaco reso jogando não é suficiente. Podemos ficar impressionados com diversas coisas, desde o tamanho da maior abóbora do mundo até um engarrafamento às 17h em Los Angeles – mas isso não quer dizer que elas sejam inovadoras.

Eis a razão: a experiência da leitura da mente foi criativa porque era *nova* e *valiosa*, e era inovadora porque a idéia criativa havia sido *realizada*. Essa definição de criatividade e inovação se alinha mais com a que foi apresentada por Teresa Amabile,[9] principal pesquisadora de criatividade da Harvard Business School. Embora a definição possa parecer óbvia, vale a pena gastar algum tempo para examiná-la mais de perto.

IDÉIAS CRIATIVAS SÃO NOVAS

A equipe por trás das experiências havia descoberto algo único, algo que ninguém havia feito antes – claramente, a característica-chave de uma idéia criativa. Se você fizer a reprodução de uma pintura de Monet, não terá feito algo criativo; e se lançar uma livraria na Internet que funciona exatamente como a Amazon.com, você terá copiado um modelo de negócio, não inovado.

Esse critério parece óbvio, mas pode ser enganador em sua simplicidade. E se uma idéia for nova para seu criador mas não para outras pessoas? Infelizmente, seria difícil considerar essa idéia inovadora. Imagine, por exemplo, que alguém alegue ter descoberto a estrutura de dupla hélice do DNA. Ninguém vai prestar muita atenção. Watson e Crick descobriram isso há mais de cinqüenta anos. Mas e se a situação for inversa? E se a idéia for velha para o criador mas nova para outras pessoas? O criador poderia, por exemplo, contar uma velha história numa nova versão, ou usar uma tampa de rosca de uma nova maneira (como fez Thomas Edison quando ele e sua equipe desenvolveram uma maneira de fixar a lâmpada elétrica). Nesse caso, a sociedade vai sempre concordar que o produto é, de fato, criativo. Na verdade, a maioria das atividades criativas ocorre dessa maneira.[10]

IDÉIAS CRIATIVAS SÃO VALIOSAS

É interessante que, para uma idéia ser considerada criativa, não é suficiente que seja nova. Dizer que 4 + 4 = 35,372 é definitivamente original, mas dificilmente pode ser considerado criativo.[11] Para uma idéia original ser criativa, precisa também ter alguma relevância; precisa ser valiosa. Dizer que 4 + 4 = 44 com a expressão séria (como fez Chris Rock em seu filme *Um pobretão na Casa Branca*) poderia cumprir essa exigência, uma vez que algumas pessoas poderiam achar divertido. Isso explica, então, por que a experiência feita pela equipe de ciência do cérebro foi criativa. Ela era nova e valiosa para um número razoavelmente grande de pessoas, conforme indicou a publicação da pesquisa na *Nature* e a subseqüente mobilização da mídia.

IDÉIAS INOVADORAS SÃO REALIZADAS

O motivo pelo qual consideramos a experiência da equipe inovadora é que ela a fez acontecer, e agora outros estão usando as descobertas para avançar em suas próprias pesquisas. As inovações precisam ser não apenas valiosas mas também postas em uso por outras pessoas na sociedade. Uma pessoa não é qualificada como inovadora por simplesmente imaginar a mais incrível invenção. Se uma idéia existir somente na cabeça de uma pessoa, não poderá ser considerada inovadora. Ela tem de ser "vendida" a outras pessoas no mundo, sejam elas colegas que analisam provas científicas, clientes que compram novos produtos ou leitores de artigos ou livros.

De certa maneira, essa definição de criatividade e inovação aceita de modo costumaz é um pouco desconcertante. Em geral, consideramos alguns indivíduos criativos, mas a criatividade realmente ocorre quando as pessoas agem de acordo com o ambiente ao redor, e dentro da sociedade.[12] No fim das contas, a sociedade decide se uma idéia é nova e valiosa. Nas palavras do psicólogo e importante pesquisador de criatividade Mihaly Csikszentmihalyi: "Não há como saber se um pensamento é novo exceto tomando como referência certos padrões, e não há como dizer se é valioso até que passe por uma avaliação social."[13] Assim, é impossível determinar se os produtos de uma pessoa são inovadores se eles nunca foram vistos, usados ou avaliados.

Agora que estabelecemos alguns limites em torno do mundo que exploraremos aqui, vamos recuar em nossa exploração. Este livro argumenta que a Interseção é o melhor lugar para gerar uma explosão de novas idéias revolucionárias – o que eu chamo de Efeito Medici. Mas o que é, exatamente, a Interseção?

A Interseção: onde diferentes campos se encontram

Quando dizemos que o Programa de Ciência do Cérebro fica na interseção da matemática e da medicina, da computação científica e da neurofisiologia, o que estamos realmente dizendo é que *as pessoas do programa conseguiram conectar esses campos e, por meio dessas conexões, tiveram novas percepções criativas*. Indivíduos, equipes ou organizações entram na Interseção associando conceitos de um campo a conceitos de outro campo. A Interseção se torna, assim, um Peter's Café virtual, um lugar para idéias completamente diferentes se esbarrarem e trabalharem umas sobre as outras.

O termo *campo* é usado neste livro para descrever disciplinas, culturas e domínios em que uma pessoa pode se especializar por meio de educação, trabalho, hobbies, tradições e outras experiências de vida. Os campos podem incluir, por exemplo, livros de mistério, pintura, costumes de negócios chineses, biologia molecular e indústria de softwares empresariais. Abrangem áreas tão diversas quanto pesca esportiva, TV a cabo, cultura hispano-americana, análise de ações, programação de objeto orientado, poesia, tapeçaria e edição de filmes. Os campos podem, por sua vez, ser divididos num subgrupo de campos mais estritamente definidos. Por exemplo, você pode falar sobre o campo da culinária em geral, mas pode também falar de especialidades da cozinha sueca e tailandesa. No fim das contas, para uma área ser chamada de campo, uma pessoa deve, concebivelmente, ser capaz de passar a vida envolvida com ela.

Os campos consistem em *conceitos* como conhecimento e prática. Trocar um pneu pode ser algo chamado de conceito. Assim como o item *pneu*, por si só. Esses dois conceitos estão incluídos num campo chamado mecânica. Para compreender um campo, é preciso compreender pelo menos alguns de seus conceitos. Quanto mais conceitos uma pessoa compreende dentro de um campo, mais especializada ela se torna dentro desse campo.

A diferença-chave entre um campo e uma interseção de campos reside em como os conceitos estão combinados em seu interior. Se você atua dentro de um campo, primeiramente é capaz de combinar conceitos dentro desse campo específico, gerando idéias que se desenvolvem numa direção específica – o que eu chamo de idéias *direcionais*. Quando você entra na Interseção, pode combinar conceitos de campos distintos, gerando idéias que saltam em outras direções – o que eu chamo de idéias *intersecionais*. A diferença entre esses dois tipos de idéias é significativa.

Idéias intersecionais vão surpreender você

O BIÓLOGO EVOLUCIONISTA Richard Dawkins é bem conhecido em seu campo. Em 1976, ele publicou *O gene egoísta*, um livro que fez a teoria evolucionista dar um grande passo. Dawkins sugeriu que a evolução não ocorreu entre espécies e nem mesmo entre organismos, mas entre genes – e que esses genes eram "egoístas". Essa teoria foi uma notável contribuição para seu campo e rendeu a Dawkins um reconhecimento significativo.[14]

Portanto, é curioso notar que a contribuição de Dawkins que, comprovadamente, mais se disseminou na sociedade foi um tipo de idéia diferente, que se originou de um único capítulo secundário de seu livro. Nele, Dawkins conectou o campo da evolução genética ao da evolução cultural – e tornou essa conexão explícita. Ele sugeriu que as idéias – que são os blocos de construção de nossa cultura – se desenvolvem e se propagam como genes. Ele chamou esse blocos de construção de *memes* e escreveu:

Exemplos de memes são melodias, idéias, expressões, modismos, maneiras de fabricar panelas ou de construir arcadas. Assim como os genes se propagam em seu meio saltando de corpo para corpo via esperma e óvulos, os memes se propagam em seu meio saltando de cérebro para cérebro via um processo que, num sentido mais amplo, pode ser chamado de imitação.[15]

A maioria das pessoas que eu conheço ficou surpresa ao ler esse capítulo de Dawkins. Que idéia incrível! Idéias, ou memes, competem, num sentido real, por espaço em nossa mente. Alguns memes persistem e se transformam, outros morrem; o processo é semelhante ao da evolução genética. Essa noção não apenas parecia fazer sentido de maneira intuitiva, mas também era *legal*. E vinha de uma interseção.

A primeira idéia de Dawkins sobre o gene egoísta foi direcional; sua segunda idéia sobre memes foi intersecional. A primeira idéia levou um campo estabelecido mais longe, numa direção estabelecida; a segunda idéia veio do nada, e acabou criando um campo de si própria – a memética.[16]

O conceito de meme decolou quase imediatamente e hoje se tornou uma maneira de marqueteiros, sociólogos e historiadores explicarem, preverem e interferirem em fenômenos culturais.[17] Por exemplo, em seu best seller *The Tipping Point*, Malcolm Gladwell analisa como o Hush Puppy* deixou de ser um sapato deselegante, cujas vendas estavam estagnadas, para se transformar num produto da moda em apenas alguns anos, por meio de um processo entendido da melhor forma como uma epidemia de um vírus de idéia. Hoje, muitas estratégias de marketing se baseiam na noção de que idéias e modismos agem como um vírus quando se espalham numa população de mentes.[18] Essas es-

*Marca da Hush Puppies, fabricante americana de calçados. (*N. da R.*)

tratégias resultam diretamente da percepção intersecional de Dawkins em meados dos anos 1970. As inovações intersecionais, assim como os memes, são freqüentemente mais poderosas e se espalham mais do que as inovações direcionais, mas é importante observar que os dois tipos são necessários para um sucesso a longo prazo.[19] Por quê?

Dois tipos de idéias

A PRINCIPAL DIFERENÇA entre uma idéia direcional e uma idéia intersecional é que com a primeira sabemos aonde estamos indo. A idéia tem uma *direção*. A inovação direcional melhora um produto com passos bastante previsíveis e uma dimensão bem definida. Exemplos de inovação direcional estão em toda parte, porque representam a maioria das inovações. Considere, por exemplo, uma empresa que melhora sua eficiência otimizando e aprimorando um processo existente, um cientista que define um fenômeno em particular de maneira mais precisa ou um bem-sucedido programa político de uma cidade que é adaptado para se adequar a outra cidade. O objetivo é desenvolver uma idéia estabelecida usando refinamentos e ajustes. As recompensas por fazer isso são razoavelmente previsíveis e obtidas com relativa rapidez.

Pessoas e organizações fazem isso o tempo todo por meio de níveis de habilitação e especialização cada vez maiores. Isso é absolutamente necessário quando a pessoa não quer desperdiçar o valor de uma idéia. Uma vez estabelecida, até mesmo uma idéia intersecional vai se desenvolver e evoluir numa direção específica. Quando Stephen Covey divulgou seu livro de auto-ajuda bastante popular *Os 7 hábitos das famílias altamente eficazes*, ele muito provavelmente não pretendia introduzir uma idéia radicalmente diferente, mas apresentar a idéia original com ajustes (e continuar colhendo recompensas dela). O mesmo é válido para empresas que aprimoram seus produtos visando novos segmentos de mercado, para pesquisadores que se aprofundam num campo estabelecido e por aí adiante.

Por outro lado, as inovações intersecionais transformam o mundo com saltos em novas direções. Geralmente, elas pavimentam o caminho para um novo campo e, portanto, permitem que as pessoas que as originaram se tornem líderes nos campos que criaram. As inovações intersecionais também não exigem tanta especialização quanto as inovações direcionais e podem, portanto, ser executadas pelas pessoas das quais você menos suspeita. Embora as inovações intersecionais sejam radicais, elas podem funcionar de maneiras tanto amplas quanto estreitas. Podem envolver o projeto de uma loja de departamentos ou o tema de um romance; podem incluir uma técnica de efeitos especiais ou o desenvolvimento de um produto para uma corporação multinacional. Em resumo, as inovações intersecionais compartilham as seguintes características:

- São surpreendentes e fascinantes.
- Dão saltos em novas direções.
- Abrem campos completamente novos.
- Fornecem a uma pessoa, equipe ou empresa um espaço para ser chamado de seu.
- Geram seguidores, o que significa que seus criadores podem tornar-se líderes.
- Fornecem uma fonte de inovação direcional para os próximos anos ou décadas.
- Podem afetar o mundo de maneiras sem precedentes.

A Interseção é sua melhor chance de inovar

PARA A MAIORIA DE NÓS, a melhor chance de inovar está na Interseção. Nela, não temos apenas uma chance maior de encontrar extraordinárias combinações de idéias: nós encontraremos muito mais delas. Para ser mais específico, entrar na Interseção *não* significa simplesmente combinar dois conceitos diferentes numa idéia nova. Esses tipos de combinação fazem parte tanto da inovação direcional quanto da intersecional. Em vez disso, a Interseção representa um lugar que *aumenta* drasticamente as chances de combinações incomuns ocorrerem.

Suponha que você seja um trabalhador do sistema de assistência médica que se preocupa com pacientes paralíticos. Se você deseja desenvolver novas estratégias de tratamento partindo de dentro de seu campo, precisa compreender esse campo a fundo. É essencial que você domine a maioria dos conceitos dentro de seu campo para encontrar novas idéias que funcionem. Além disso, uma vez que é fácil prever para onde o campo está seguindo, você enfrentará um bocado de competição o tempo todo.

Agora imagine que você possa se expandir e conectar sua experiência com a da neurociência. De repente, haverá muitas opções e idéias novas para você explorar. Conceitos neurológicos sobre os quais você não tinha a menor idéia que existiam podem ser combinados com estratégias de tratamento existentes para gerar idéias intersecionais revolucionárias. Em outras palavras, ao entrar na Interseção você provocou uma explosão de novas e intrigantes combinações de idéias.

Essa explosão de idéias extraordinárias foi o que aconteceu em Florença, durante o Renascimento, e sugere algo muito importante. Se pudermos simplesmente alcançar uma interseção de disciplinas ou culturas, teremos uma chance maior de inovar, simplesmente porque há muitas idéias incomuns circulando. E, como o próximo capítulo mostrará, nunca houve um tempo melhor para fazer isso do que agora.

CAPÍTULO dois

O surgimento de interseções

O SOM DE SHAKIRA E AS EMOÇÕES DE SHREK

A HISTÓRIA sobre a equipe de ciência do cérebro e seu macaco reso é uma história do nosso tempo. Reflete um mundo cada vez mais conectado, no qual conceitos que não parecem estar relacionados na verdade estão. Reflete um surgimento de interseções. Esse tipo de história não deveria nos surpreender – veremos outras semelhantes. Muitas outras, em toda parte.

Esta, certamente, não é a primeira vez que vemos uma convergência desse tipo entre campos. Leonardo da Vinci é o exemplo mais ilustre do Renascimento, quando artistas, cientistas e comerciantes entraram juntos na Interseção e produziram uma das mais criativas explosões de arte, cultura e ciência da Europa. Mas os séculos que se seguiram testemunharam uma grande especialização do conhecimento. Disciplinas se tornaram mais fragmentadas enquanto quebrávamos o mundo em pedaços menores e mais especializados. Hoje, porém, a fragmentação está revertendo e os efeitos podem ser vistos em campos por toda parte. Tom Friedman, colunista de assuntos internacionais do *The New York Times*, comenta as crescentes conexões no mundo de hoje em seu livro *O Lexus e a oliveira*: "Hoje, mais do que nunca, as fronteiras tradicionais entre política, cultura, tecnologia, finanças, segurança nacional e ecologia estão desaparecendo."[1]

Existem três forças distintas por trás do surgimento de interseções e, neste momento, talvez pela primeira vez, elas estão trabalhando juntas. Elas não são as únicas razões pelas quais as inovações intersecionais acontecem, mas explicam por que nós as estamos vendo mais do que nunca.

Força 1: O movimento de pessoas

Em 1809, um índio cheroqui de sangue misturado chamado Sequoyah aprendeu a assinar seu nome nos trabalhos que fazia com prata. Esta foi sua introdução na linguagem escrita. Alguns anos depois, quando servia no Exército dos Estados Unidos durante a Guerra dos Creek, ele viu soldados americanos escrevendo cartas, lendo ordens e registrando acontecimentos históricos da guerra. Sequoyah percebeu que seus companheiros da nação Cheroqui poderiam obter benefícios espetaculares da linguagem escrita. Sequoyah, cuja mãe era membro do clã Paint e cujo pai era um comerciante de peles de animais em Virgínia, passou os 12 anos seguintes desenvolvendo uma linguagem cheroqui escrita. Quando terminou, havia criado um silabário formado por 85 caracteres que representavam cada sílaba da linguagem cheroqui. Era tão fácil aprender o silabário que, semanas depois, milhares de cheroquis conseguiam ler, e isso deu à nação Cheroqui a capacidade de criar o primeiro jornal indígena americano, *The Cherokee Phoenix*. Sequoyah é a única pessoa no mundo conhecida por ter criado sozinha uma linguagem escrita completa, e até hoje é considerado um gênio.[2]

Sequoyah teve a idéia de criar uma linguagem escrita depois de passar algum tempo numa cultura muito diferente. Este é um método para encontrar interseções (e ele será explorado com mais detalhes no próximo capítulo), mas é também um exemplo da força da globalização. Essa força, definida pelo movimento de pessoas entre culturas e países, está recuperando um poder que não tinha há mais de cem anos.

O movimento de pessoas está aumentando em toda parte, por vários motivos. A disseminação dos efeitos da democracia e do capitalismo, com suas barreiras comerciais mais fracas e as fronteiras entre as nações abertas, tem levado a um aumento dos empregos e da educação para estrangeiros na maioria dos países do mundo. Além disso, o fluxo de refugiados e pessoas em busca de asilo político permanece bastante intenso. Outros fatores sugerem até mesmo um índice acelerado desse movimento. Considere, por exemplo, que praticamente todos os países industrializados enfrentam uma defasagem populacional que ameaça seus sistemas de previdência social. O rápido envelhecimento das populações e a redução dos índices de natalidade podem, comprovadamente, ser compensados apenas por meio de níveis mais elevados de imigração.[3] De qualquer modo, o movimento de pessoas está claramente aumentando, e isso pode ser verificado nos números dos censos de vários países no mundo.

Nos Estados Unidos, por exemplo, o percentual de pessoas nascidas no exterior chegou a níveis não-vistos desde os anos 1930. De acordo com o censo de 2000, 11,1% da população dos EUA são nascidos no exterior – um aumento de quase 60% em relação a 1990. Essa tendência a aumentar começou em 1970, quando menos de 5% da população eram nascidos no exterior. E a tendência não é exclusiva dos Estados Unidos – está acontecendo em todos os lugares. Somente entre 1994 e 1999, a população de nascidos no exterior cresceu entre 5% e 17% em países como Coréia, Dinamarca, Espanha, Austrália, Itália e Canadá.[4] De acordo com o guru de administração Peter Drucker, "as migrações em massa no século XIX eram ou para espaços vazios, não-habitados (como Estados Unidos, Canadá, Austrália, Brasil), ou do interior para a cidade no mesmo país. Em contraste, a imigração no século XXI é de estrangeiros – em nacionalidade, língua, cultura e religião – que se mudam para países habitados". Drucker vê poucos motivos para esperar que essa tendência a longo prazo se reverta.[5]

Essa força levará a uma pletora de interseções culturais e a uma grande quantidade de idéias revolucionárias de pessoas ousadas o suficiente para explorá-las. Idéias que cruzam culturas serão mais facilmente assimiladas por um público mais diversificado. Isso é válido particularmente para negócios e artes. Quando a artista latino-americana Shakira estreou com o disco *Laundry Service*, chegou ao topo das paradas. Sua música era incomum até mesmo em seu país natal, a Colômbia. Seu pai é libanês e suas canções combinavam sons árabes e latinos numa "mistura singular de pop e rock, diferente de qualquer coisa feita por cantores colombianos na época".[6] Ela conseguiu pegar essa música inovadora e cruzá-la com tons americanos. A *Newsweek* escreveu:

> *jovens estrelas como (...) a roqueira colombiana Shakira derrubam as divisões misturando uma variedade de estilos pop, latinos e anglos. "Somos feitos de fusão", diz Shakira,* 22. *"É isso que determina nossa*

identidade: a maneira como abocanhamos de uma só vez arroz, plátanos, carne." Sua música combina Alanis Morissette, reggae e sons mariachi mexicanos.[7]

Essas tendências – a combinação e a mistura de culturas – estão se tornando mais evidentes a cada ano em campos como cinema, literatura, música e arte. Os negócios também serão cada vez mais capazes de inovar em diferentes regiões do mundo. Eles podem intermediar idéias entre culturas diferentes compreendendo como essas culturas se conectam. Isso é válido não apenas para grandes corporações, mas também para a loja do seu bairro.

Um dia, por exemplo, eu estava caminhando na Quinta Avenida, no Brooklyn, em Nova York, quando notei uma loja chamada Kimera, em referência ao monstro grego que era um híbrido de leão, cabra e cobra. Acontece que era uma loja de roupas, com um estilo bastante diferente. Uma camisa, por exemplo, parecia uma mistura de quimono e blusa de estilo ocidental. Outras peças eram híbridos semelhantes.

A criadora da loja, uma mulher chamada Yvonne Chu, disse-me que se havia inspirado em suas experiências ao crescer em Nova York com pais chineses, bem como em suas viagens pelo mundo. As pessoas adoram seu design único e a mistura de culturas tão aparente nele.[8] "Esta camisa", disse ela, apanhando uma camisa azul-arroxeada com uma gola mandarim, a barra bordada e laços na frente, "as pessoas ficam loucas por ela." Kimera é um sinal dos tempos. O movimento de pessoas cruzando países e culturas está criando mais interseções do que nunca.

Força 2: A convergência das ciências

A revista *Smithsonian* publicou uma reportagem que chamou minha atenção. Biotécnicos haviam inserido um gene produtor de seda de uma aranha de cinco pernas dourada num rebanho de cabras. A idéia era as cabras produzirem um leite contendo a essência da teia da aranha, um material com uma resistência incrível. Por sua vez, os pesquisadores poderiam usar o leite para "tecer" fios de qualidade semelhante à da seda. Incrível, mas verdade.

> *Grama por grama, os fios de seda delgados criados pelas aranhas de cinco pernas dourada são cinco vezes mais fortes que o aço. Um dia, acredita [o diretor-geral Jeffrey] Turner, a seda da aranha poderá ser encontrada em tudo, desde airbags, linhas de pescar e jérseis esportivos que não rasgam até suturas oftálmicas e tendões artificiais.*[9]

A empresa por trás dessa inovação, a Nexia, havia concluído a maior oferta pública inicial de ações da história da ciência biológica do Canadá e já estava partindo para a produção. Essa história faz lembrar a experiência de leitura da mente na Brown University, porque ambas indicam o que está acontecendo no âmbito das ciências. A natureza da descoberta científica está mudando. Disciplinas que antes eram muito separadas estão se unindo novamente.

Considere isso: quantas vezes você pode descobrir um continente? No caso da América, sabemos que isso foi feito pelo menos três vezes, por três representantes, de três civilizações diferentes. Os nativos americanos cruzaram a ponte terrestre do estreito de Bering em três ondas consecutivas, cerca de vinte mil anos atrás; os vikings foram da Islândia para Newfoundland, via Groenlândia, há mais ou menos mil anos; e, finalmente, Cristóvão Colombo realizou a mesma façanha, embora em latitudes mais ao sul, cerca de quinhentos anos atrás. Hoje, porém, essa descoberta é impossível. Já foi feita. As grandes descobertas dentro da geografia tradicional foram feitas e estão bem documentadas. O mesmo é válido, é claro, para a anatomia humana. E se isso for verdade para o resto das ciências?

Campo após campo, estamos descobrindo que nossa compreensão básica do mundo é, se não cem por cento precisa, pelo menos suficientemente boa. Considere a química. O número de variações químicas pode ser extraordinariamente alto, mas os princípios que governam essas variações são claramente limitados e foram explicados, em sua maioria, por Linus Pauling já nos anos 1930, uma conquista que lhe rendeu um de seus dois Prêmios Nobel (o outro foi o da Paz). Na biologia, praticamente todas as descobertas, incluindo a estrutura do DNA, reforçaram e aprimoraram a teoria da evolução de Darwin, e não a questionaram. Passamos um bocado de tempo segmentando o mundo, tentando entender seus componentes individuais, e fizemos um bom trabalho. Entretanto, assim como há um número limitado de vezes em que podemos descobrir um continente ou parte da anatomia humana, podemos descobrir a lei da evolução, ou uma supernova, ou a termodinâmica, apenas uma vez.[10]

Isso não significa, porém, que o papel da ciência se esgotou. Pelo contrário, a ciência está se tornando cada vez mais crucial em nossa vida. Há mais questões para explorar do que nunca antes, mas muitas descobertas serão de uma natureza diferente da do passado. Em vez de nos ajudar a entender as partes individuais do mundo, elas nos ajudarão a entender como essas partes interagem. Assim, por exemplo, você encontrará engenheiros colaborando com biólogos para compreender a resistência de uma concha e aplicando isso a tudo, desde tanques blindados até lanternagem de carros.[11] Ou você verá oceanógrafos, meteorologistas, geólogos, físicos, químicos e biólogos colaborando para entender os efeitos do aquecimento global. Descobertas novas, descobertas que mudam o mundo, virão das interseções de disciplinas, e não de dentro das disciplinas.

Os cientistas estão reconhecendo essa tendência cada vez mais. Conversei com Alan Leshner – diretor-geral da American Association for the Advancement of Science (AAAS) e indiscutivelmente uma das pessoas mais influentes e bem conectadas da comunidade científica – sobre o surgimento de interseções. A AAAS é a maior organização de ciência do planeta, e mais de 1 milhão de pessoas no mundo lêem sua revista, a *Science*, toda semana. Perguntei a ele o que o futuro reserva para as descobertas científicas dentro das disciplinas.[12]

"A ciência disciplinar morreu", disparou ele. "Acabou." Leshner vê cada vez mais provas para essa conclusão. "A maioria dos grandes avanços envolve múltiplas disciplinas", explicou ele. "É cada vez mais raro ver trabalhos científicos de um único autor. E freqüentemente os múltiplos autores são de disciplinas diferentes." Essa mudança também pode ser vista em nossas universidades, onde estudantes têm hoje muito mais hífens nos títulos de seus cursos do que antes. Por exemplo, temos hoje formandos em matemática aplicada-física, biologia-química, geologia-química e economia-psicologia. Além disso, departamentos diferentes estão se unindo para explorar temas específicos relacionados a meio ambiente, bioengenharia, desenvolvimento sustentável e neurociência, entre muitos outros.

Esses cientistas que compreendem a força da convergência estão cada vez mais se associando a outras disciplinas. Talvez em nenhum outro caso isso tenha acontecido com mais sucesso do que no Santa Fe Institute (SFI), no Novo México. Um homem chamado George Cowan fundou o SFI em 1984. Ele é um senhor sério, que fala devagar, mas com clareza e inteligência em cada frase.[13] Seja o assunto arte, negócios ou política, ele fala como se acreditasse que a ciência e a matemática estão ligadas a tudo – e que o Santa Fe Institute foi, de certa maneira, criado para encontrar essas ligações.

Cowan acredita firmemente no poder da Interseção, talvez porque tenha visto seu poder muitas vezes. Como administrador, ele trabalhou com cientistas de primeira linha, de todas as disciplinas possíveis, durante o Projeto Manhattan (para pesquisas sobre a bomba atômica). Desde então, é diretor associado para pesquisa no Los Alamos National Laboratory, enquanto simultaneamente dirige um banco. Foi durante seu período como assessor de ciência da Casa Branca que ele teve a idéia do Santa Fe Institute. Cowan se viu lutando para reunir cientistas e políticos. "Eu me virei para uma das pessoas que fazia política", disse Cowan, "e perguntei: 'Como você consegue esse tipo de interação no trabalho?' 'Bem, você tem que aprender a agenda deles', disse-me ela. 'Como você faz isso?', perguntei. 'Você tem que levar os cientistas a pensar em outras coisas que não são a especialidade deles', respondeu ela."

Cowan criou o Santa Fe Institute logo depois dessa conversa. Como diz o estatuto do instituto, ele foi criado para se dedicar "à criação de um novo tipo de comunidade de pesquisa científica, que busca o surgimento de sínteses de ciências." O SFI tem sido bem-sucedido em sua missão, e as pesquisas que surgem nele são tão surpreendentes quanto promissoras.

Biólogos, por exemplo, podem ser encontrados trabalhando com economistas e analistas de mercado de ações para gerar novas idéias sobre como os mercados se comportam. "Os modelos que usamos para explicar a evolução de estratégias financeiras são matematicamente semelhantes às equações que os biólogos usam para compreender populações de sistemas predador-presa, sistemas de competição e sistemas simbióticos", diz o renomado administrador de investimentos Robert Hagstrom, vice-presidente e diretor-executivo da Legg Mason Focus Capital.[14] Outra área de pesquisa bem conhecida é a do fenômeno mundos-pequenos, em que pessoas tentam entender o mundo por meio das ligações que o formam. Esses pesquisadores vêem pontos em comum entre o modo como as células do corpo são estruturadas, o modo como as páginas da Internet são ligadas, o modo como as sociedades são moldadas (como a famosa teoria dos seis graus de separação) e até mesmo o modo como células terroristas interagem.

Hoje, o SFI é uma instituição privada e independente que permite a colaboração entre as ciências física, biológica, computacional e social. O Santa Fe Institute é outro sinal dos tempos. É uma instituição que nasceu do fato de a ciência estar chegando a um ponto de inflexão – um tempo de convergência.

Força 3: O salto da computação

Em 2001, os profissionais do campo da tradicional animação em 2D – o que chamamos de desenhos animados – perceberam que seus piores pesadelos haviam se tornado reais. Os pesadelos vieram na forma de um grande ogro verde chamado Shrek e de um monstro azul chamado Sulley. Eles são os personagens principais de dois filmes de animação por computador em 3D que foram aclamados pela crítica e esmagaram todos os adversários nas bilheterias. As empresas por trás desses dois filmes, a Dreamworks e a Pixar, levaram os filmes de animação por computador em 3D a fazer um grande sucesso. Embora a tecnologia estivesse sendo usada há mais de uma década, a Pixar, empresa de Steve Job, levou-a a um nível totalmente novo. A Pixar começou como uma pequena oficina de animação, mas, depois de alguns filmes de sucesso, como *Toy Story* e *Vida de inseto*, as pessoas começaram a levar a empresa a sério.

Depois do sucesso de *Shrek* e *Monstros S.A.*, não demorou muito para surgir um debate entre animadores tradicionais. Aquilo era o fim? Os artistas criativos que desenhavam à mão estavam indo pelo mesmo caminho dos filmes super-8? Não, responderam alguns. O que acontecia era apenas que naquele ano em particular os filmes de animação por computador tinham histórias melhores e personagens mais interessantes do que os filmes tradicionais. Com certeza, há alguma verdade nisso. Ambos os filmes eram ao mesmo tempo hilariantes e sofisticados, o que fez com que encantassem tanto crianças quanto adultos. Os diálogos eram inteligentes, os toques de emoção eram impressionantes (os movimentos dos olhos das criaturas eram especialmente cativantes) e as histórias eram irresistíveis. Então, talvez a diferença não esteja nos computadores; talvez seja a história e a maneira como é contada. Mas e se de fato os computadores ajudaram no desenvolvimento da história? Considere o que Steve Jobs disse em seu primeiro relatório anual para a Pixar depois de sua publicação, em 1996:

> *No novo mundo da animação por computador, as oportunidades de inovação são imensas (...) Os animadores tradicionais precisam passar muito tempo desenhando, porque cada um dos mais de cem mil quadros de um típico filme de animação de longa-metragem (24 quadros por segundo x 75 minutos) precisa ser desenhado à mão. Na animação por computador da Pixar, todos os desenhos são feitos por computadores; centenas e centenas de computadores muito rápidos. Esse processo resulta em (...) diferenças importantes em relação à animação tradicional. Primeiro, liberta nossos animadores do desenho, de modo que eles po-*

> *dem se concentrar em atuar, em dar vida a seus personagens enquanto se movem. Isso permite à Pixar contratar animadores que podem ou não se destacar como desenhistas, mas que são atores brilhantes. Nossos animadores chegam a ter lições de arte dramática.*[15]

Espere aí. Os animadores da Pixar aprendem arte dramática? E isso se tornou possível por causa dos computadores? Então quer dizer que os computadores participam do processo de contar a história, no fim das contas. O salto da computação permitiu à Pixar não apenas criar a animação em 3D, mas também se concentrar na história e na maneira como a história é contada. O ambiente em 3D permite mostrar emoções de uma maneira que o 2D não conseguia. O rosto de Shrek mostra *sentimentos*, e não apenas expressões. Quando caminha pela tela, ele parece *pesado*, e não achatado. O uso da computação gráfica permitiu à Pixar criar filmes muito mais sofisticados do que era possível na animação com desenhos feitos à mão. A tecnologia de computador tornou a Pixar *capaz* de fazer as coisas de maneira diferente. Permitiu-lhe fundir a animação por computador com a produção cinematográfica tradicional. Dois anos depois, os estúdios de 2D tradicionais estavam sendo abandonados em toda parte.[16]

Isso nunca teria acontecido sem a invenção do microchip, comprovadamente a inovação mais significativa dos últimos cinqüenta anos. Desde então, o poder do computador dobrou a cada 18 meses, e continua assim. O salto exponencial na computação vai gerar mais interseções por duas razões. Primeiro, porque não permitirá apenas que façamos as coisas mais rapidamente (o que permite a inovação direcional), mas também nos permitirá fazer coisas *diferentes*, gerando possíveis interseções entre campos tradicionalmente separados. A capacidade da Pixar de interferir na maneira como a história era contada resultou diretamente de seu maior poder computacional.

A segunda razão é que o salto em computação também levou a um avanço da comunicação. O microchip pavimentou o caminho para o e-mail, a Internet, os telefones celulares, os telefones por satélite, a televisão e os telefonemas mais baratos. Tornou o mundo menor. Isso significa que indivíduos, grupos e organizações que costumavam ficar separados podem agora facilmente se unir para encontrar interseções entre suas experiências e especialidades. Isso representa oportunidades tanto para pequenas empresas iniciantes quanto para as estabelecidas. Considere a seguinte história de Mark Tracy, gerente de marketing do grupo de gerenciamento de riscos da Cargill.[17]

A Cargill é uma das mais antigas empresas dos Estados Unidos e lida principalmente com produtos agrícolas no mundo. Com rendimentos superiores a 50 bilhões de dólares, é a maior empresa privada americana que já existiu, maior do que a Procter & Gamble ou do que a AOL Time Warner, com atuação em todo o mundo. Pode não ser a primeira empresa que vem à mente quando você pensa em inovação. Mas seu diretor-geral, Warren Staley, diz: "É uma grande vantagem ser privado, com sócios que entendem que a agricultura é cíclica, que os retornos são irregulares e que nem todo risco se dá como queremos." Mark Tracy pôde vê-los assumindo um desses riscos.

Quando Tracy ingressou na Cargill como negociante de grãos, não sabia sequer como era um grão de soja e, muito menos, quanto custava. Mas foi colocado numa posição em que teve de aprender essas coisas rapidamente. "De repente, fazendeiros de 80 anos estavam me perguntando o que o mercado iria fazer", disse Tracy, ao se lembrar de longas conversas no meio de plantações e elevadores de grãos. Esta foi a maneira como ele aprendeu agricultura e o que se passava na cabeça de fazendeiros preocupados.

Alguns anos depois, Tracy foi para o grupo de gerenciamento de riscos da empresa, entrando num campo completamente diferente. Liderado por David Dines, que viera da Bankers Trust, o pequeno grupo era formado por ex-banqueiros que vendiam derivados financeiros complexos e personalizados a clientes de enormes grupos de alimentos, freqüentadores da lista das quinhentas empresas mais lucrativas da revista *Fortune*. Essas empresas compram milhões de dólares em produtos agrícolas todos os meses e precisam se proteger de potenciais oscilações nos preços dos alimentos. O grupo de gerenciamento de riscos as ajudava a fazer isso. O negócio, percebeu Tracy, é que os fazendeiros enfrentam exatamente os mesmos riscos de mudanças nos preços. Afinal de contas, eles precisam vender o que quer que seja comprado. "Atualmente, espera-se que os fazendeiros sejam especialistas em meteorologia, agrônomos e ambientalistas. Ah, a propósito, eles têm de ser negociantes experientes também", observou Tracy. Parecia uma excelente oportunidade para combinar sua compreensão dos negócios de grãos com o conhecimento de derivados do grupo de gerenciamento de riscos, e ajudar a atender às necessidades dos fazendeiros.

Essa idéia intersecional, porém, não podia ser executada facilmente. Comparados a grandes corporações, os fazendeiros formam um grupo difuso e disperso e, na época, muitos deles nada sabiam sobre derivados financeiros. Atender a cada fazendeiro e apresentar uma solução personalizada numa linguagem que eles pudessem entender facilmente era um desafio gigantesco, embora o mercado potencial fosse enorme. A Internet resolveu esses problemas: embora fosse proibitivamente caro atender aos fazendeiros um a um, permitiu ao grupo negociar com os fazendeiros, informá-los e agregar os riscos para eles a um custo bem menor. Dois mundos separados – o novo mundo de derivados financeiros personalizados complexos e o velho mundo de comércio de grãos – conectaram-se na Interseção e, graças ao salto na computação, a Cargill pôde aplicar essas idéias em todo o mundo diariamente.

Dando o passo seguinte

Essas três forças – o movimento de pessoas, a convergência das ciências e o salto da computação – estão levando ao surgimento de mais interseções do que nunca. Vivemos num mundo onde artistas colombianos combinam sons do Oriente Médio e dos Estados Unidos; onde leite de cabra, aranhas e linhas de pesca têm algo prático em comum; e onde podemos ler a mente de um macaco graças aos esforços de uma equipe interdisciplinar.

É claro que nem todos nós queremos inovar, e mesmo se quisermos, podemos optar por nos ater a um campo. Mas, entenda isto: como os efeitos dessas três forças se disseminam muito, sua compreensão de um campo provavelmente vai sofrer interseções muitas vezes durante sua vida. Os indivíduos ou as equipes que encontrarem essas interseções provavelmente serão aqueles que mudarão radicalmente o mundo. Sim, vivemos num mundo interconectado, mas há alguém fazendo as conexões. Pode ser você.

PARTE DOIS

Criando o Efeito Medici

CAPÍTULO três

Rompa as barreiras entre campos

PIRULITOS DE OURIÇO-DO-MAR E TENTILHÕES DE DARWIN

No início de janeiro de 1995, Jan Sandel, chef do restaurante sueco Aquavit, na cidade de Nova York, morreu inesperadamente de ataque cardíaco. O proprietário, Håkan Swahn, teve de encontrar imediatamente alguém para comandar a cozinha. Decidiu pôr o recém-contratado Marcus Samuelsson na função enquanto procurava alguém para substituí-lo permanentemente. Mas Swahn estava hesitante, porque Samuelsson era muito jovem. "Nossa organização era grande e complexa, e nossa reputação, excelente. Este não é o tipo de atividade que você simplesmente entrega a alguém de 24 anos", explicou. Em retrospecto, essa pode ter sido a melhor decisão que ele já tomou.

Na época, o Aquavit se tornara um restaurante respeitado em Manhattan, com uma estrela na cotação do *New York Times*. Mas algo estranho começou a acontecer apenas algumas semanas depois de Samuelsson assumir a cozinha. Novos pratos, baseados em combinações originais de alimentos de todas as partes do mundo, começaram a aparecer no cardápio. As novas opções, tais como ostras com sorvete de curry de manga, nem sempre pareciam fazer sentido, mas atiçavam tanto a imaginação quanto o paladar. Eram diferentes de tudo o que os clientes já haviam algum dia experimentado.

Apenas três meses depois, Ruth Reichl, do *New York Times*, deu ao restaurante uma rara crítica com três estrelas, devido à sua comida inovadora e saborosa.[1] Samuelsson foi o mais jovem chef a receber essa prestigiosa cotação. "A culinária do senhor Samuelsson é delicada e bonita", escreveu ela. Desde então, ele é reconhecido como um dos melhores chefs dos Estados Unidos. Tem sido mostrado em revistas como *Gourmet*, *Food & Wine*, *Forbes* e *Gear*, e em redes de TV como o Discovery Channel e a CNN. Seu livro de culinária foi escolhido o Melhor Livro de Culinária dos EUA, a James Beard Foundation o premiou como Melhor Chef da Cidade de Nova York e ele foi considerado pelo Fórum Econômico Mundial, em Davos, Suíça, um dos Líderes Globais para o Amanhã.[2] Quando Swahn, o proprietário do Aquavit, encontrou-se com Tom Zagat, do famoso guia de restaurantes *Zagat Survey*, este observou: "Você se tornou uma instituição."[3]

O que está por trás das conquistas espetaculares de Marcus Samuelsson? Quais foram os motivos de seu sucesso inovador? Ao conversar com Samuelsson, pode-se ter a impressão de que os segredos são puro charme, energia jovem e trabalho duro. Sua voz é cheia de vigor e determinação. Ele se levanta rapidamente para cumprimentar cada cliente que reconhece, e isso ocorre com quase todos.[4] Sua lembrança de rostos e nomes parece não ter limites. Em minutos, ele já me apresentara a vários clientes que haviam acabado de atravessar a porta. "Venha conhecer Renee", disse, com um sorriso. "Ela é presidente da Swedish-American Chamber of Commerce. Vocês deveriam conversar." Carisma, energia e persistência – sem dúvida, essas qualidades ajudam qualquer pessoa, mas sozinhas elas não conseguem explicar sua ascensão ao estrelato como chef. A solução desse mistério precisa começar com suas criações culinárias.

Existe claramente algo especial na comida que Samuelsson cria. O cardápio diz que a comida é sueca, e imediatamente você pode notar que isso é verdade. Ingredientes como arenque, *lingonberry** e salmão definem, em parte, a cozinha sueca. No Aquavit, esses ingredientes são combinados com alimentos que você nunca veria num típico restaurante sueco, pelo menos até Samuelsson começar a usá-los. Dê uma olhada nas seguintes opções do cardápio:

LAGOSTA CARAMELIZADA
Massa de algas, salsicha de ouriço-do-mar e molho de couve-flor

PRATO DE SALMÃO
Gravlax *(espécie de carpaccio)* e tandoori** *de salmão defumado, molho de mostarda expresso e espuma de* dill *(tempero)*

GANACHE DE CHOCOLATE (CREME DE CHOCOLATE)
Pimentão vermelho, sorvete de framboesa e iogurte de capim-limão.

A lagosta é sueca; a massa de algas, não. O sorvete de framboesa é sueco; o iogurte de capim-limão... bem, a maioria dos suecos até

*Fruta da família da amora. (*N. do T.*)
**Assados (geralmente carne ou frango) preparados em forno de barro comum no norte da Índia. (*N. do T.*)

então provavelmente nunca tinha *ouvido* falar de capim-limão, que dirá de iogurte feito dela. Nessas receitas, podemos encontrar pelo menos parte da resposta para o mistério do sucesso de Samuelsson. Embora desafie a intuição, a combinação de especiarias *tandoori* e salmão defumado funciona extraordinariamente bem, e essa ousadia é o que torna Samuelsson único. Combinações impossíveis são originais e divertidamente maravilhosas. Que tal uma sopa de urtiga com pirulito de ouriço-do-mar? Ou uma sobremesa de sorvete de maçã verde com musse de chocolate branco e creme chantilly de erva-doce? Usando blocos de construção da culinária sueca formados por frutos do mar, ingredientes frescos, artifícios e certas técnicas de conservação, Samuelsson combina alimentos de todo o mundo, dando aos clientes do Aquavit uma aventura única e estelar em sabores e aromas.

Samuelsson realizou isso rompendo barreiras tradicionais da culinária. Ele tem uma estranha capacidade de buscar elementos de quase todas as cozinhas do mundo e verificar como eles se conectam com sua base de ingredientes suecos e suas técnicas de culinária. Essa capacidade o colocou na interseção da cozinha sueca e dos sabores globais. A solução de nosso mistério agora parece bem simples. O gênio criativo de Samuelsson reside em sua capacidade de gerar combinações de alimentos únicas que surpreendem o paladar. Ele cria uma comida ousada, diferente e, é claro, ótima. Marcus Samuelsson e o Aquavit *devem* estar indo bem.

Mas a cidade de Nova York é feita de milhares de restaurantes, muitos deles com chefs excelentes que têm visto e experimentado alimentos do mundo inteiro. Como Samuelsson, tão jovem, foi capaz de impressionar tanto críticos de gastronomia quanto comensais? Como ele escapou das limitações do que poderia ser rotulado como culinária sueca ou européia? O que permite a ele conectar tão livremente conceitos, idéias, ingredientes e estilos distintos?

A resposta é que Samuelsson tem barreiras associativas baixas. Ele tem uma capacidade de conectar facilmente diferentes conceitos de vários campos. Especificamente, ele tem a capacidade de encontrar combinações bem-sucedidas de alimentos da Suécia e do restante do mundo. Todos nós podemos romper nossas barreiras associativas da mesma forma. Na verdade, se quisermos encontrar a Interseção, este é um requisito.

O que são barreiras associativas?

PARE UM POUCO e considere a seguinte situação:[5] Susan tem 28 anos, é solteira, extrovertida e muito inteligente. Formou-se em biologia e estudou políticas públicas. Quando era estudante, preocupava-se profundamente com questões de desenvolvimento sustentável, aquecimento global e pesca predatória, e é politicamente ativa. Qual das afirmações é mais provavelmente verdadeira?

A. Susan é gerente de um escritório.
B. Susan é gerente de um escritório e ativista de um movimento ambientalista.

Se você respondeu B, está em boa companhia; a maioria das pessoas escolheria esta resposta. Mas a resposta correta é A. Se você está confuso em relação a isso, considere outra questão análoga. Qual das afirmações é mais provável?

A. Uma maçã é verde.
B. Uma maçã é verde e cara.

Desta vez a resposta está aparente; claramente, é mais provável que uma maçã seja apenas verde do que seja tanto verde quanto cara. As duas questões são similares, mas são expressas de formas diferentes. Porém, tendemos a cometer um erro no primeiro caso mas não no segundo. Por quê? A diferença-chave entre as duas formulações é que, no primeiro caso, nossa mente rapidamente faz uma série de associações. Palavras-chave, como desenvolvimento sustentável, aquecimento global e pesca predatória, são associadas a meio ambiente. Na maioria dos casos, faria sentido deduzir que Susan é ativista de um movimento ambientalista. Portanto, é mais provável que façamos suposições sobre o que Susan é como pessoa, em vez de mantermos a mente aberta a possibilidades. Essas conexões acontecem automática e subconscientemente. O efeito é sutil, mas muito forte.

Psicólogos têm uma explicação para o que acontece durante esse processo: eles dizem que a mente produz uma cadeia de associações. Ao simplesmente ouvir uma palavra ou ver uma imagem, a mente libera uma seqüência de idéias associadas, cada uma conectando-se a outra. Essas cadeias de associações tendem a ficar agrupadas em torno de domínios relacionados à nossa própria experiência. Quando um chef vê um bacalhau num mercado de peixes, ele pode pensar numa receita em particular, o que, por sua vez, o faz pensar nas opções do cardápio para a próxima noite. Mas um escritor de uma revista de pesca esportiva pode ver algo completamente diferente. Pode pensar em sua última pescaria, lembrando-se imediatamente dos equipamentos que usou e da reportagem que deveria escrever sobre o assunto. A mente trabalha dessa maneira porque segue o caminho mais simples – uma associação prévia. Embora o chef possa ter conhecimentos sobre pesca esportiva, e até praticá-la de vez em quando, é mais provável que sua mente conduza o pensamento, com pouco ou nenhum esforço, ao campo que ele usa mais – a culinária. Cadeias de associações são eficientes; permitem que passemos rapidamente da análise para a ação. Embora as cadeias de associações tenham enormes benefícios, elas também têm custos. Inibem nossa capacidade de pensar amplamente. Não questionamos suposições de imediato; nós nos agarramos a conclusões mais rapidamente e criamos barreiras contra maneiras alternativas de pensar numa situação em particular.

Há muito tempo pesquisadores suspeitam que essas barreiras associativas são responsáveis pela inibição da criatividade.[6] Experiências têm sido feitas para analisar a diferença entre barreiras associativas altas e baixas. Uma das primeiras conclusões de um dos primeiros pesquisadores de criatividade, J.P. Guilford, é de que a mente criativa tende a fazer associações incomuns porque é ocupada pelos chamados pensamentos divergentes.[7]

Considere o seguinte exercício: em que palavras você pensa quando lê a palavra *pé*?[8] A resposta mais comum é, de longe, *sapato*, seguida de *mão*, *dedo* e *perna*. Oitenta e seis por cento das mais de oitocentas pessoas que fizeram o teste responderam uma dessas palavras. Por outro lado, apenas uma pessoa respondeu *rato*, ou *física*, ou *cachorro*, ou *chapéu*. Considere outro exemplo: em que palavras você pensa quando lê o termo *comando*? A reação mais comum a esta palavra foi *ordem*, seguida de *exército*, *obedecer*, *guerra* e *oficial*. Essas respostas representaram 71 por cento do total. Apenas uma pessoa respondeu *educado*, ou *obediência*, ou *guerra*, ou *chapéu*. A conclusão de Guilford foi de que uma pessoa com barreiras associativas baixas tem maior tendência a pensar amplamente quando responde a uma palavra como *pé* e, portanto, é capaz de ter mais idéias incomuns. Isso significa que uma pessoa com barreiras associativas baixas encontra suas cadeias de associações seguindo caminhos irregulares fora de um campo específico, e não seguindo caminhos previsíveis dentro de um campo. Para essa pessoa, *pé* e *comando* podem até se conectar; note que a palavra *chapéu* aparece nos dois casos. Indivíduos com barreiras associativas altas têm uma tendência bem maior a produzir as respostas comuns, permanecendo incapazes de ver como as duas palavras estão ligadas, a não ser que sejam especificamente estimulados a encontrar uma conexão.[9]

Isso é o que eu quero dizer quando afirmo que Marcus Samuelsson tem barreiras associativas baixas. Ele faz associações incomuns fora do campo da cozinha sueca. Quando Samuelsson pensa, por exemplo, em tomates, suas associações têm um alcance maior do que tem a maioria dos chefes de cozinha suecos e europeus. Quando eu digo *pesto*, ele não pensa em manjericão; ele diz *dill*. Se eu digo *tandoori*, ele não pensa imediatamente em frango; ele diz salmão defumado. Isso pode continuar o dia inteiro.

– *Lingonberry?* – pergunto eu.

– Chutney – responde ele.

– *Caesar salad?* – sugiro eu.

– Sopa de *Caesar salad* – reage ele.

Vê o que quero dizer? Samuelsson procura conceitos relacionados em lugares distantes e áreas inesperadas da culinária e, então, tenta conciliar em receitas essas idéias dispersas. Em outras palavras, ele conseguiu romper as barreiras associativas entre diferentes campos da culinária. Como resultado, suas idéias se estendem exponencialmente mais longe.

Como as barreiras associativas nos ajudam e nos atrapalham

Na busca de interseções, as barreiras baixas representam uma vantagem. O problema é que há grandes benefícios em manter nossas barreiras cognitivas naturais no lugar. Nosso cérebro evoluiu da maneira como evoluiu por uma razão. Em geral, ele gosta de encontrar ordem nas coisas, agrupando conceitos e encontrando estrutura no ambiente que o cerca. Uma pessoa com barreiras associativas altas chegará rapidamente a conclusões quando enfrentar um problema, uma vez que seu pensamento é mais focado. Ela vai se lembrar de como lidou com o problema no passado ou de como outras pessoas em situações semelhantes o resolveram.

Por outro lado, uma pessoa com barreiras associativas baixas poderá pensar em conectar idéias ou conceitos que se baseiam muito pouco em experiências passadas ou que não podem ser facilmente encontrados de maneira lógica. Portanto, essas idéias freqüentemente enfrentam resistências e sentimentos como: "Se essa idéia fosse realmente boa, outra pessoa já a teria tido." Mas isso é precisamente o que outra pessoa *não* teria feito, porque a conexão entre os dois conceitos não é óbvia. Duas pessoas ou duas equipes – uma delas com barreiras altas e a outra com barreiras baixas – aproveitarão uma oportunidade semelhante de maneiras completamente diferentes. Considere a seguinte história sobre Charles Darwin e John Gould.[10]

Quando Charles Darwin voltou de uma viagem de cinco anos pelo mundo a bordo do HMS *Beagle*, ele havia coletado um grande número de pássaros nas Ilhas Galápagos. Embora Darwin em geral fosse excelente tomador de notas, ele tinha poucos registros sobre os pássaros. Afinal de contas, o objetivo original de sua viagem era o estudo da geologia. Uma vez em Londres, Darwin doou sua coleção de pássaros mal classificados a um dos mais proeminentes zoólogos da época, John Gould. Darwin explicou a ele que a coleção era composta por pássaros variados, como tentilhões, cambaxirras e melros, e que eles tinham pouca importância para ele.

Seis dias depois, ele foi procurado por Gould e ficou surpreso ao saber que os pássaros não eram realmente uma mistura desordenada. Gould explicou que eles formavam um "grupo muito original de tentilhões, relacionados uns aos outros pela (...) forma do corpo e da plumagem: há 13 espécies ao todo (...)". Isso confundiu Darwin. Os bicos daquelas aves eram diferentes e usados para coisas diferentes. Alguns eram próprios para quebrar nozes, outros, para capturar insetos. E havia o fato de que o número de espécies era compatível com o número das grandes ilhas Galápagos... 13. Logo Gould surpreendeu Darwin novamente. Darwin também havia coletado pássaros imitadores* nas Ilhas Galápagos, e havia suposto que todos eram variedades diferentes da mesma espécie. Gould lhe disse que não, não era o caso. Em vez disso, cada variedade representava uma espécie distinta, cada uma delas de uma ilha. Mas era até aí que Gould conseguia chegar.

Gould era claramente um taxonomista experiente, mas foi Darwin quem apresentou a idéia radical: seria possível uma espécie de pássaros se dividir em duas (ou mais) espécies se os pássaros ficassem isolados em ilhas separadas? Essa idéia acabou se tornando a base do que pode ser considerado a mais significativa revolução científica de nossos tempos, a teoria da evolução.

O que é extraordinário nessa história não é a percepção nem o sucesso que Darwin acabou obtendo, mas o fato de que John Gould

***Mockinbirds*. (*N. do T.*)

não conseguiu alcançá-los. Ele era o especialista, era um líder em seu campo e tinha todas as partes da informação disponíveis. Mas Gould associou tudo o que observou de acordo com as regras da taxonomia e, portanto, tentou adequar àquelas regras tudo o que viu na coleção de pássaros de Darwin. Sua percepção foi boa e ajudou a aumentar nossa compreensão sobre vários tentilhões existentes no mundo. Por outro lado, a percepção de Darwin explicou, antes de mais nada, porque o campo da taxonomia existe. Ele teve esse momento de percepção porque foi capaz de romper as barreiras associativas. O próximo capítulo mostrará a você como fazer o mesmo.

CAPÍTULO **quatro**

Como romper as barreiras

O TÚNEL DE HEATHROW E OS RESTAURANTES SEM COMIDA

ROMPER NOSSAS barreiras associativas é o primeiro desafio que enfrentamos em nossa busca pela Interseção. Mas como fazemos isso? Os exemplos representados por Marcus Samuelsson, Charles Darwin e outros podem nos ajudar a entender. Essencialmente, essas pessoas conseguiram romper suas barreiras associativas porque fizeram uma ou mais das seguintes coisas:

- Expuseram-se a uma série de culturas
- Aprenderam de forma diferente
- Reverteram suas suposições
- Assumiram múltiplas perspectivas

Exponha-se a uma série de culturas

Um dia, quando eu caminhava nos túneis entre o Aeroporto de Heathrow e o metrô de Londres, notei um anúncio proeminente do HSBC, um dos maiores bancos do mundo. O anúncio imediatamente chamou minha atenção, porque cobria as paredes de todo o caminho do aeroporto até o metrô. Era formado por várias séries de três imagens. Um dos cartazes mostrava três imagens idênticas de quadrados amarelos. O primeiro quadrado estava identificado como *EUA* e abaixo dele estava a palavra *covardia*, indicando que era isso que a cor amarela representava naquele país. O segundo quadrado amarelo estava identificado como *Malásia* e embaixo dele estava a palavra *realeza*. O último estava identificado como *Venezuela*, seguido das palavras *roupa íntima que dá sorte*.

Um pouco adiante havia mais um cartaz mostrando três imagens idênticas de um *gafanhoto*. Uma das imagens estava identificada como *EUA* e tinha o subtítulo *peste*; a imagem do meio estava identificada como China, com o subtítulo *animal de estimação*; e a última estava identificada como *Tailândia*, com o subtítulo *aperitivo*. Você entendeu a idéia.

O HSBC, ou a agência que o representava, havia posto pelo menos dez variações desse anúncio ao longo das paredes. De maneira bastante inteligente, o banco estava argumentando que, embora fosse uma instituição global, também compartilhava os conhecimentos e costumes locais. Para nossos objetivos, o anúncio também demonstra outro argumento, crucial para entender como se rompem barreiras associativas: sempre existe outra maneira de ver as coisas. Isso é particularmente verdade quando se comparam culturas no mundo.

As culturas são definidas por regras e tradições. Impõem certas maneiras de pensar e agir. Algumas culturas são altamente sociais, outras são bastante reservadas; algumas enfatizam o trabalho em equipe, outras têm o foco na individualidade. Em algumas, a espiritualidade é importante, enquanto outras promovem apenas idéias seculares. Pode-se discutir eternamente se algumas normas têm valor o tempo todo, mas pode-se estar bastante certo de que todas as normas têm valor por algum tempo – do contrário, nunca teriam se tornado normas. Por isso a diversificação cultural é tão eficiente em romper barreiras associativas. Por meio de experiências culturais diversas, pode-se escapar mais facilmente de pontos de vista impostos.

O psicólogo Donald Campbell, um dos maiores pesquisadores de criatividade dos anos 1960, concluiu que "as pessoas que são arrancadas de culturas tradicionais, ou que são muito expostas a duas ou mais culturas, parecem ter vantagens nas hipóteses que se dispõem a considerar e, por meio disso, na freqüência de inovações criativas".[1] O argumento não é de que uma pessoa que é exposta a múltiplas culturas pode simplesmente recorrer a duas ou mais maneiras distintas de ver uma questão. Em vez disso, é de que essa pessoa não está presa a um ponto de vista em particular. Simplesmente por ela ter consciência de que existem múltiplas maneiras de enfrentar um problema, é maior a probabilidade de ela ver qualquer situação sob perspectivas múltiplas.

Diversidade cultural não significa apenas culturas geograficamente separadas. Também pode incluir culturas étnicas, de classe, profissionais ou organizacionais. O simples fato de um indivíduo ser diferente da maioria das pessoas em volta dele desperta nele pensamentos mais abertos e divergentes, e talvez até mais rebeldes. Essa pessoa está mais inclinada a questionar tradições, regras e limites – e a buscar respostas nas quais outras pessoas podem não pensar.[2] Pesquisas também indicam que pessoas fluentes em muitas línguas tendem a exibir uma criatividade maior do que as outras. As linguagens codificam conceitos de maneiras diferentes, e a capacidade de explorar essas perspectivas variadas durante um processo criativo gera um número maior de associações.[3]

Para Marcus Samuelsson, o papel da diversificação cultural foi crucial para romper suas barreiras associativas. Para começar, Samuelsson não se parece com os suecos típicos nem tem a mesma história que eles. Ele vem da Etiópia. Nasceu na capital, Addis Ababa, mas ficou órfão aos 3 anos, quando seus pais morreram numa epidemia de tuberculose. Sua vida poderia ter sido muito diferente se um casal de Gotemburgo, Suécia, não tivesse decidido adotar Marcus e sua irmã. O fato de ser um negro criado na Suécia deu a Samuelsson a vantagem de ver o mundo de maneira diferente das pessoas em torno dele. "Eu nunca vi Gotemburgo como se fosse tudo o que havia", diz Samuelsson, "diferentemente da maioria de meus amigos, que planejavam ficar na região, todos eles."

Ele também teve a sorte de visitar muitas outras regiões do mundo quando era criança. Seu pai adotivo, um geólogo, viajava freqüentemente com os filhos. Essas viagens expuseram Samuelsson, desde cedo, à amplitude do universo da culinária. "Quando eu era menino, comia na Polônia, em Berlim, na Rússia e na Iugoslávia e, nas férias, comíamos na França, na Espanha e em outros países. Então, desde cedo eu comia alimentos 'estranhos', mas isso parecia natural."

Aos 16 anos, ele ingressou numa escola de culinária em Gotemburgo. Isso, por sua vez, levou-o a aprendizagens na Suíça e na Áustria. Nesses lugares, ele aprendeu a falar francês e alemão enquanto falava também inglês. Dificilmente falava sueco. Sua experiência mais significativa durante a juventude foi trabalhar num cruzeiro de um ano pelo mundo. Sua descrição dessa viagem é uma explicação perfeita sobre como agir para reduzir as barreiras associativas.

Tive a oportunidade de viajar pelo mundo num barco de cruzeiro e comer e cozinhar em cada porto. Até então, eu achava que a boa comida era "propriedade" da Europa e da França. Mas, durante minhas viagens, compreendi que existe boa comida em todos os lugares. Existe na Suécia, na França e na Suíça, com certeza, mas ainda mais na Tailândia, no Japão, na Índia, na África e na América do Sul. Aquele foi, provavelmente, o ano mais importante de minha carreira. Podíamos partir de Öresund [Suécia] um dia, chegar três dias depois a Helsinque [Finlândia], seis dias depois estávamos em Amsterdã, dez dias depois em Bordeaux, 12 dias depois no Marrocos. Íamos à América do Norte, ao Brasil, Amazônia, Panamá, São Francisco, depois à bacia do Pacífico (...) constantemente em nosso caminho para algum lugar novo. Foi quando eu percebi que, se combinasse meu conhecimento obtido na Europa com os sabores que existem na comida tailandesa, ou japonesa, ou latino-americana, ou o que fosse, eu teria algo excitante.[4]

Ao fim daquela viagem essencial, Samuelsson percebeu que era hora de aplicar sua perspectiva e experiência únicas. Depois de trabalhar durante um ano para o restaurante três estrelas George Blanc, em Paris, ele acabou no Aquavit, em Nova York. Samuelsson precisava de um ambiente no qual pudesse se concentrar em cozinhar sem ter de explicar a donos de restaurantes e clientes que ele realmente sabia fazer comida européia, embora não parecesse europeu. Håkan Swahn, o proprietário do Aquavit, tinha a mente aberta em relação a Samuelsson, mas admite que a maioria de seus colegas americanos provavelmente hesitaria em escolher um homem negro para chefiar a cozinha de um restaurante sofisticado que servia uma comida nitidamente européia. Essa abertura à diversificação se tornou um componente crucial para a atividade do Aquavit. A primeira coisa que Samuelsson fez foi modificar a estrutura da equipe, chegando a sacrificar a experiência em prol de uma atitude aberta. Dê uma olhada no Aquavit hoje e você verá todos os tipos de pessoas na cozinha. A equipe do restaurante, de cerca de cem pessoas, reúne nada menos que quarenta nacionalidades.

Vivendo e trabalhando em culturas diferentes e passando um tempo significativo aprendendo a apreciá-las, pode-se romper mais facilmente as barreiras associativas ou mesmo evitar, antes de mais nada, construí-las. De maneira notável, a experiência de Samuelsson esbarra em quase todos os pontos da diversificação cultural que os pesquisadores dizem que abrem uma pessoa a associações incomuns. Isso lhe deu uma capacidade de ver coisas que os outros freqüentemente não percebem. "A maioria das pessoas confunde a idéia de 'sueco'", diz ele. "A Suécia hoje é internacional e misturada. A Suécia hoje significa um sushi enrolado por um sujeito negro e servido a um casal coreano."

Por que não?

Aprenda de forma diferente

Paul Maeder é o fundador da altamente conceituada empresa de capital de risco Highland Capital. Ao longo dos anos, ele tem se saído muito bem apostando em empresas pequenas que acabaram se tornando extraordinariamente bem-sucedidas. Paul Maeder é também um homem com um alto nível de educação. Formou-se na Princetown University, fez mestrado em engenharia mecânica em Stanford e mestrado em administração de empresas na Harvard Business School. Com todos esses títulos acadêmicos, você poderia pensar que ele dá um valor extraordinariamente alto à educação. Mas, em apenas segundos de conversa comigo, ele começou a citar indivíduos e grupos que inovaram radicalmente porque não tinham uma educação formal. "Veja esse sujeito, Stan Lapidus", disse-me ele um dia. "Ele não tem mestrado nem Ph.D., mas descobriu uma maneira incrível de analisar amostras de fezes para patologias de câncer de cólon. Ponha a amostra num liquidificador, misture e você poderá identificar o câncer, dificilmente com resultados falso-positivos. É realmente uma invenção incrível. Agora, por que ele pensou nisso? Porque não é médico."[5]

Não estou dizendo que Maeder acha que educação é má idéia; ele seria um exemplo de contradição se achasse isso. Mas ele acha claramente que a educação tem um potencial para limitar a criatividade. Como assim? Por meio de escolas, mentores e culturas organizacionais, a educação tende a se concentrar no que um campo em particular tem considerado válido. Se, por exemplo, você quer ser um grande médico, há regras que precisam ser seguidas. Com uma boa educação, você aprende essas regras. Você aprende o que especialistas e pensadores antigos concluíram e usa a experiência deles para desenvolver a própria especialização. Você faz isso para entender o que funciona. A especialização num campo em particular poderia ser comprometida se você passasse tempo demais questionando noções básicas. O preço dessa abordagem, porém, é que você fica mais facilmente preso a uma maneira particular de fazer as coisas. Como resultado, barreiras associativas são erguidas, tornando as idéias intersecionais menos prováveis.

Como você neutraliza esse efeito? Uma maneira é evitar as escolas e ignorar os especialistas. Mas isso seria um conselho incrivelmente impraticável. Fugir da escola ou demitir pessoas com conhecimentos valiosos não faz muito sentido. Em vez disso, precisamos empregar táticas que nos permitem *aprender tantas coisas quanto possível sem ficarmos presos a uma maneira particular de pensar sobre essas coisas.*

Paul Maeder pode ter a resposta. Ao longo dos anos, ele avaliou milhares de planos de negócios e se reuniu com centenas de empreendedores. As equipes que o atraem quase sempre entraram na Interseção. "Veja a bioengenharia, veja a ciência dos materiais. Elas envolvem muitas disciplinas, são inerentemente interdisciplinares", diz ele, para em seguida começar a indicar dezenas de inovações intersecionais. "Um sujeito descobre a composição de um novo material, outro descobre como esse material pode ser usado para fixar melhor o esqui às botas. Ponha-os juntos... você conseguiu alguma coisa." Maeder detesta o "incrementalismo unidisciplinar" e está sempre procurando pessoas que vão além dos limites de um campo.

Então, quais são os aspectos importantes para Maeder acerca de pessoas inovadoras na Interseção? Ao longo dos anos, ele identificou duas características recorrentes. "Os inovadores, freqüentemente, são autodidatas. Eles tendem a ser pessoas do tipo que educam a si próprias intensamente", diz ele, "e freqüentemente têm uma ampla experiência de aprendizado, tendo-se destacado em algum campo e aprendido outro." Então, ampla educação e auto-educação parecem ser duas chaves para aprender de forma diferente.

A idéia por trás de uma educação ampla – que cubra vários campos – é a de que ela pode nos ajudar a romper os limites associativos que a especialização constrói. Mas existe alguma prova de que a especialização limita a criatividade? Em 1995, os psicólogos Robert Sternberg e Peter Frensh iniciaram um estudo para explorar precisamente essa questão, com condições de laboratório controladas.[6] Na experiência, tanto especialistas quanto novatos foram solicitados a jogar bridge com um computador. A primeira rodada consistiu em um jogo padrão. Nesta etapa, os especialistas jogaram claramente melhor do que os novatos. Afinal de contas, é por isso que nós os chamamos de especialistas.

Em seguida, os pesquisadores fizeram algumas mudanças superficiais nas regras do jogo. Mudaram a pontuação (por exemplo, ouros valia mais do que paus) e os nomes dos naipes. Os jogadores sofreram momentaneamente com as mudanças, mas rapidamente se recuperaram. Tudo o que tiveram de fazer foi aprender a nova pontuação ou os nomes. Mais uma vez, os especialistas jogaram melhor do que os novatos.

A parte interessante dessa experiência aconteceu durante as mudanças estruturais mais profundas. No bridge, depois que as cartas são distribuídas, há uma fase de leilão, seguida de uma fase de jogo. A fase de jogo ocorre em várias rodadas sucessivas. Normalmente, o jogador que tira a carta mais alta numa determinada rodada vence e lidera o jogo na rodada seguinte. Mas os pesquisadores alteraram as regras da fase de jogo, de modo que o jogador que tirasse a carta *baixa* era o que vencia. O efeito dessa mudança mal foi notado no desempenho dos novatos. Eles não precisaram abrir mão de estratégias complexas de jogo, já que, para início de conversa, nunca haviam desenvolvido tais estratégias. Mas isso não aconteceu com os especialistas. Eles já não podiam usar suas estratégias e tiveram dificuldade para criar outras. Em outras palavras, a especialização, apesar de toda a sua força, pode tornar mais difícil o rompimento de padrões de pensamento estabelecidos.

John Donaghue, diretor do Programa de Ciência do Cérebro da Brown University, concorda. Ele acredita que a capacidade da escola de integrar os universitários ao trabalho de pesquisadores e professores pode ser uma enorme vantagem. Obviamente, os estudantes se beneficiam de um sistema assim. Mas também os pesquisadores, explica Donaghue. "Eles têm idéias diferentes, idéias que ficamos cegos demais para ver. Muitas dessas idéias se mostram muito boas." Isso não quer dizer que os jovens são mais criativos. Porém, os jovens, freqüentemente, são menos limitados por sua educação dentro de um campo, uma vez que ainda não aprenderam demais sobre esse campo. Conclui-se, então, que o aprendizado de um novo campo – seja por um jovem ou um idoso – pode ajudar a romper barreiras associativas. Em seu livro essencial *A estrutura das revoluções científicas*, Thomas Kuhn assinala que "quase sempre os homens que chegam a (...) invenções fundamentais de um novo paradigma são ou muito jovens ou muito novos no campo cujo paradigma eles mudam."[7]

A segunda característica citada por Paul Maeder para o sucesso na Interseção é a auto-educação. Aprendendo campos e disciplinas por conta própria, temos maior chance de abordá-los de uma perspectiva diferente. Na verdade, a educação formal freqüentemente parece um U invertido numa curva de gráfico quando está relacionada ao sucesso de alguém como criador. Ou seja, primeiro a educação formal aumenta a probabilidade de alcançar o sucesso criativo, mas, depois de chegar a um pico, ela reduz as chances. Esse pico acontece um pouco cedo em carreiras artísticas e um pouco tarde em carreiras científicas.[8]

Existem inúmeros exemplos disso. Thomas Edison, provavelmente o maior inventor de todos os tempos, não chegou a qualquer nível mais alto de educação. Era, porém, um leitor voraz de tudo e qualquer coisa que o interessasse. Quando tinha 20 anos, já havia lido a maioria dos principais livros de química e eletricidade e feito centenas de experiências baseadas no que havia lido. Dizia que os livros podiam "mostrar a teoria das coisas", mas que "fazer a coisa em si é o que conta".[9]

Eis outro exemplo: Steve Jobs, fundador da Apple e da Pixar, não concluiu o curso universitário. Isso não quer dizer que ele não se educou – simplesmente não o fez na escola. Tudo isso sugere que faz sentido passar bastante tempo lendo e desenhando, aprendendo e experimentando, sem a orientação de instrutores, colegas ou especialistas. Portanto, é irônico que muitas pessoas que desejam inovar achem que não têm tempo para essas aventuras secundárias. Mas, se a inovação é o objetivo, essa experimentação é precisamente o que se deve tentar conseguir. Charles Darwin era um estudante abaixo da média porque passava grande parte de seu tempo perseguindo seus interesses em botânica no interior da Inglaterra, ou conversando diretamente com cientistas estabelecidos. Seu pai o espancava por ele não demonstrar inclinação para nada na vida. Primeiro, Darwin tentou se tornar médico, depois pastor. Nada funcionou. Por fim, decidiu subir a bordo de um barco, o *Beagle*, para uma viagem de cinco anos pelo mundo para estudar geologia, essencialmente por conta própria. Acabou se tornando o mais importante biólogo, e possivelmente o mais importante cientista de todos os tempos. Darwin concluiu: "Considero que tudo o que aprendi, de qualquer valor, foi de uma forma autodidata."[10]

Reverta suposições

Essas duas estratégias discutidas até agora envolvem abordagens de longo prazo para romper barreiras entre campos. Mas isso não nos ajuda muito se precisarmos de algumas percepções novas *neste exato momento*. É possível romper forçadamente barreiras associativas quando estamos diante de um desafio específico? Em outras palavras, podemos ativamente buscar a Interseção? Existem provas significativas que sugerem que sim.[11] Freqüentemente, ouvimos conselhos de que deveríamos "desaprender" o que aprendemos, ou ignorar os especialistas à nossa volta, para libertar nossa mente. Essas recomendações podem ser frustrantes. Embora façam sentido em determinado nível, elas nos fornecem pouca orientação para executá-las. Como podemos ignorar racionalmente os especialistas ou desaprender o que funcionou para nós no passado?

Forçar um rompimento de barreiras associativas significa direcionar a mente a seguir caminhos incomuns enquanto se pensa numa situação, numa questão ou num problema. Uma das maneiras mais eficientes de conseguir isso é realizando uma reversão de suposição. Ao reverter suposições, a mente é incentivada a ver uma situação de uma perspectiva completamente diferente, abrindo caminho para a Interseção. Talvez a descoberta mais significativa para tornar o comércio possível na Internet tenha vindo de uma reversão de suposição.[12]

Durante os mais de 2.500 anos em que códigos e codificações têm sido usados, uma "lei" básica sempre imperou: para uma parte codificar uma mensagem ou para outra parte decodificar essa mensagem, ambas precisam da mesma chave do código. Uma analogia a essa lei é a de que se eu ponho uma mensagem secreta numa caixa e a tranco com um cadeado, você só poderá abri-lo com uma chave duplicata, que eu deveria ter entregado a você antecipadamente.

O efeito dessa "lei" no comércio da Internet seria devastador. Imagine se você primeiro tivesse de concordar com a livraria online Amazon.com sobre a chave do código antes de pôr o número do cartão de crédito no site. Essa chave teria de ser entregue de um modo que ninguém mais pudesse acessá-la; o e-mail, por exemplo, seria muito mais arriscado. Você poderia se encontrar pessoalmente com um representante da empresa, mas isso obviamente anularia os benefícios de comprar um livro on-line, para início de conversa. O fato de as duas partes precisarem da mesma chave poderia ter impedido todo o desenvolvimento comercial da Internet. Felizmente, isso não aconteceu.

No início dos anos 1970, quando a Internet estava engatinhando, dois brilhantes decifradores de códigos da Stanford University, William Diffie e Martin Hellman, reverteram a mais básica de todas as suposições da criptografia. E se as duas partes não precisassem da mesma chave? Essa proposição parece desafiar a lógica; como isso seria possível? Mas era. Revertendo essa suposição, Diffie e Hellman encontraram a interseção entre o campo da criptografia e um ramo particular e curioso da matemática que envolve as chamadas funções de um só sentido. A melhor maneira de entender como essas funções funcionam em criptografia é voltando ao exemplo da caixa. Imagine que uma pessoa, vamos chamá-la de Alice, tenha um cadeado. Ela pode dar uma cópia desse cadeado a qualquer pessoa que pedir. Assim, quando você quiser enviar uma mensagem para Alice, pede o cadeado a ela e envia a mensagem. Porém, quando você tranca a caixa, nem mesmo você pode retomar a mensagem. Só uma pessoa pode fazer isso, Alice, porque ela tem a única chave disponível. Mais tarde, outros três pesquisadores do MIT – Ronald Rivest, Adi Shamir e Leonard Adleman – tornaram esse tipo de código comercialmente viável, e ele ficou conhecido como RSA. Sem ele, você não conseguiria comprar nada com segurança na Internet.

As reversões de suposições representam uma maneira consideravelmente eficiente de desafiar o modo como você pensa sobre quase tudo. O exemplo destacado aqui vem do excelente livro *Cracking Creativity*, de Michael Michalko.[13] O objetivo não é necessariamente ter uma idéia específica, mas sacudir sua mente, livrá-la de noções preconcebidas. Eis como funciona:

1. Primeiro, pense numa situação, num produto ou num conceito relacionado a um desafio que você está enfrentando, e pense nas suposições associadas a essa situação.
2. Em seguida, escreva essas suposições; depois, reverta-as.
3. Finalmente, pense em como fazer essas reversões terem significado.

Por exemplo, suponha que você queira abrir um novo restaurante, mas está tendo dificuldade em desenvolver um novo conceito. Primeiro, liste algumas das suposições mais comuns relacionadas a manter um restaurante. Depois, reverta-as. Sua lista poderá se parecer com algo como a Figura 4-1.

FIGURA 4-1

Reverta suas suposições

Suposição		**Reversão**
Restaurantes têm cardápios	←---------→	Restaurantes *não* têm cardápios
Restaurantes cobram dinheiro por comida	←---------→	Restaurantes *não* cobram dinheiro por comida
Restaurantes servem comida	←---------→	Restaurantes *não* servem comida

Agora tente pensar em maneiras como você poderia criar um negócio sustentável a partir de cada reversão. Eis alguns exemplos:

- *Um restaurante sem cardápio.* O chef informa a cada cliente o que ele comprou naquele dia em mercados de carne, vegetais e peixe. O cliente escolhe os alimentos desejados e o chef cria um prato a partir deles, específico para cada cliente.

- *Um restaurante que não cobra pela comida.* Esse restaurante é um café no qual as pessoas se reúnem para conversar e trabalhar umas com as outras. O café cobra pelo tempo passado ali, não pela comida consumida. Pratos de baixo custo selecionados e bebidas são servidos gratuitamente.
- *Um restaurante que não serve comida.* O restaurante tem uma decoração única e bonita, num ambiente exótico. As pessoas trazem a própria comida e bebida em cestas de piquenique e pagam uma taxa de serviço pelo uso do local.

Se alguma solução parecer particularmente atraente, você pode ficar elaborando-a, pensando abertamente em como fazê-la acontecer. A intenção não é encontrar imediatamente a solução que você está procurando (embora isso possa acontecer), mas afastar, pelo menos temporariamente, as suposições mais óbvias e permitir à sua mente escapar das cadeias de associação que ela produz habitualmente.

Há outras maneiras de realizar reversões de suposições. Você pode, por exemplo, considerar um objetivo, revertê-lo e então tentar imaginar como alcançar o objetivo revertido. Esse processo forçaria sua mente a abordar um tema comum de uma maneira incomum. Considere esta pergunta: como você poderia tornar as atividades bancárias o mais prazerosas possível?

É possível que você já tenha refletido sobre essa pergunta antes, mesmo que não seja um banqueiro. Você quase pode sentir sua mente começando a seguir um caminho familiar. As respostas que vêm à mente podem incluir atendentes amigáveis, decoração atraente e locais convenientes para caixas eletrônicos. Mas o que aconteceria se você revertesse esse objetivo? Como você tornaria as atividades bancárias o mais terríveis possível? Como você poderia afastar os clientes? É improvável que muitas pessoas tenham considerado essa pergunta seriamente, mas as respostas podem render percepções interessantes e únicas.

Tente perspectivas diferentes

IMAGINE ASSISTIR a uma flor se abrindo através de fotografias tiradas durante todo o processo. Esse é o tipo de movimento em filme que você já deve ter visto em programas de TV sobre natureza que mostram uma flor brotando, abrindo-se, murchando e morrendo em segundos. Esse filme nos ajuda a entender o ciclo completo de uma flor e nos dá uma perspectiva de sua vida.

Agora mude sua perspectiva. Em vez de observar a flor, *torne-se* a flor.[14] Suponha que você seja uma câmara de filmar dentro da flor com capacidade para registrar o ambiente ao redor. A câmara registraria o clima, a chuva, o solo; filmaria os nutrientes enquanto eles se movem pelo solo e subindo pelas raízes; registraria a água, o jardineiro cuidando da flor e as abelhas polinizando-a enquanto procuram o néctar. Essa perspectiva lhe dará uma série inteiramente distinta de percepções sobre a natureza da flor – talvez percepções incomuns, porque essa é uma maneira diferente de olhar algo comum. Qual perspectiva você terá com essas novas percepções? De qual delas extrairá mais idéias sobre a flor de um ponto de vista científico, e de um ponto de vista artístico?

Podemos escolher como ver qualquer situação. Se a virmos sempre sob a mesma perspectiva, tenderemos a notar as mesmas coisas. Veja a figura a seguir. A maioria das pessoas, provavelmente, a descreveria como um quadrado composto de filas de círculos e triângulos, se fosse solicitada a fazê-lo.

Não é tão óbvio que a figura consiste em colunas alternadas de círculos e triângulos. Se fizermos simplesmente perguntas diferentes sobre um problema, poderemos vê-lo sob uma nova luz e empreender um rompimento de limites associativos. Leonardo da Vinci, o homem que define o Renascimento e talvez o maior intersecionalista de todos os tempos, acreditava que para entender completamente uma coisa era preciso vê-la pelo menos de três perspectivas diferentes.[15]

Uma das inovações mais radicais em gerenciamento e controle ambiental surgiu da visão de um problema de uma perspectiva diferente. Nos anos 1970 e 1980, grupos ambientalistas e algumas indústrias viam a poluição do ar e a chuva ácida resultante como um problema ecológico ou político, respectivamente. Isso levou a batalhas legislativas e a políticas cheias de falhas. Uma grande inovação no modo de lidar efetivamente com a poluição do ar aconteceu por volta de 1990, quando políticos e ambientalistas começaram a ver o problema sob uma perspectiva baseada no mercado. Com a organização de um mercado em que empresas podiam negociar direitos de poluir, o nível geral de emissões caiu a níveis nunca vistos. Desde então, essa estratégia tem sido imitada por outros países para esse e outros problemas ambientais do mundo, como, por exemplo, o aquecimento global.[16]

Você pode ver uma situação de incontáveis perspectivas. Então, por que escolher sempre aquela que parece a mais fácil? Forçando-se a ver um projeto de maneira diferente, você pode romper barreiras associativas entre campos e descobrir conexões inesperadas. Isso soa um pouco mais fácil do que é na verdade, é claro. Para fazer isso funcionar, você precisa escolher perspectivas radicalmente diferentes daquelas com as quais normalmente trabalha. Mais uma vez, quando a suposição é revertida, a intenção não é sugerir uma idéia específica por si só, mas libertar a mente e escapar das cadeias de associação rotineiras. A seguir, duas sugestões:

- *Aplicar a idéia a alguém ou alguma coisa.* Imagine que você está projetando uma casa de praia. Como ela seria? Agora suponha que você está projetando essa casa para Pablo Picasso – de que maneira isso mudaria o projeto? Esqueça que você não tem a menor idéia sobre o que ele realmente gostaria, mas trabalhe com a perspectiva de como Picasso era como pessoa. Em seguida, suponha estar projetando a casa para o cantor de ópera Luciano Pavarotti. O que aconteceria com o tamanho dos quartos, a curvatura das torneiras? As idéias que você teria a partir desses tipos de exploração poderiam evoluir para algo interessante e único quando combinadas com sua maneira padrão de pensar sobre esse projeto.
- *Criar restrições.* Quando uma professora de ioga quebrou o braço, ela não sabia se continuava a dar aulas enquanto não estivesse curada. Logo descobriu, porém, que sem usar o braço ela naturalmente recorria a novos e criativos métodos tanto para entender o próprio corpo como para ensinar ioga. Ao criar restrições, acidentalmente ou de propósito, podemos ser levados a explorar maneiras alternativas de resolver determinado problema. Digamos que você está tentando inovar o serviço de aten-

dimento ao cliente numa loja. O que acontece se você imaginar que os atendentes não podem falar? Ou que não podem usar as mãos? Ao criar restrições, você pode romper barreiras e ter idéias que de outra maneira nunca lhe ocorreriam.

O que acontece em seguida?

A HISTÓRIA DO AQUAVIT é uma história de sucesso. Na verdade, Marcus Samuelsson está prestes a abrir mais um restaurante.

– Em que cidade? – pergunto, supondo que ele vai expandir o conceito do Aquavit para outros lugares.

– Aqui em Nova York – diz ele. – Será um restaurante japonês.

Aquilo me pega desprevenido. Japonês? Mas em seguida eu compreendo. Afinal de contas, quem seria mais apropriado para inovar a cozinha japonesa? Seria um especialista em cozinha japonesa? Ou alguém como Marcus Samuelsson?

A preparação de Samuelsson foi longa antes de ele chegar a Nova York. Sua experiência, sua educação e sua propensão a reverter suposições comuns sobre a cozinha sueca, e a vê-la de perspectivas diferentes, permitiram-lhe conectar conceitos de culinárias de várias partes do mundo. Ele encontrou a Interseção porque conseguiu romper suas barreiras associativas.

Isso, porém, não é suficiente para inovar. Idéias intersecionais consistem em combinações de conceitos de campos diferentes. Como essas combinações ocorrem? E qual é o segredo por trás de uma idéia que realmente a torna uma grande idéia? Vamos abordar essas e outras questões no próximo capítulo, no qual um jovem matemático consegue tomar de assalto o mundo dos jogos.

CAPÍTULO cinco

Combine conceitos aleatoriamente

JOGOS DE CARTAS E ARRANHA-CÉUS

NA PRIMAVERA DE 1991, um jovem estudante de doutorado em matemática chamado Richard Garfield se reuniu com Peter Adkison, presidente de uma pequena empresa de jogos chamada Wizards of the Coast. Garfield havia criado um jogo de tabuleiro chamado RoboRally e estava explicando a idéia a Adkison. Mas Adkison não entendia. "Volte com algo menos complicado", disse ele ao matemático. Ele sugeriu que Garfield criasse um jogo que fosse rápido de jogar, portátil e de fabricação barata.[1]

O que Garfield inventou revolucionou o mundo dos jogos. Ele criou o Magic: The Gathering, um jogo de cartas diferente de todos os outros. No segundo semestre de 1993, depois de lançar o Magic, a Wizards of the Coast faturou cerca de 200 mil dólares, o que não é mal para uma iniciativa de sete pessoas. No ano seguinte, porém, a mesma pequena empresa faturou 40 milhões de dólares, e em 1995 vendeu mais de quinhentos milhões de cartas. O Magic havia se tornado uma epidemia. Dez anos depois, havia mais de seis milhões de jogadores de Magic em mais de cinqüenta países e mais de cem mil torneios profissionais no mundo a cada ano. Na verdade, o Magic gerou um gênero de jogos. Quando a Wizards of the Coast lançou o jogo de cartas Pokémon nos Estados Unidos, a capacidade do jogo de viciar crianças em todo o mundo levou grupos religiosos a denunciá-lo. O sucesso da Wizards of the Coast aumentou. O Magic e a indústria que ele gerou haviam se tornado parte de nossa cultura.[2]

Como Richard Garfield criou um jogo tão incrível? E como ele foi do RoboRally, uma idéia que não levou absolutamente a lugar algum, ao Magic, que o tornou uma lenda quase da noite para o dia? Para solucionar esses mistérios, temos de entender o que acontece depois do rompimento de barreiras associativas. Precisamos entender o que realmente acontece na Interseção.

Encontrando a mágica

RICHARD GARFIELD é alguém que mede o que fala.[3] Ele demora algum tempo pensando numa pergunta antes de respondê-la. "Estou aqui ainda, estou aqui ainda. Só estou formulando minha resposta", diz ele, modestamente, durante uma conversa telefônica. Seus comentários são precisos, mas também hesitantes, como se ele quisesse dar uma resposta clara, mas ainda deixasse algum espaço para revisitá-la mais tarde. Talvez tenha sido sua experiência de Ph.D. em matemática combinatória que pavimentou o caminho para essa natureza exigente, ou talvez sua experiência na criação de jogos que o manteve aberto a possibilidades. Qualquer que seja o motivo de seu modo de ser, está claro que ele é alguém que adora cada aspecto dos jogos e do ato de jogar.

Magic foi o hobby de Garfield durante muito tempo. Ele o mantinha na prateleira apenas para a cada dois meses "mexer nele um pouco, às vezes jogar com os amigos e às vezes testar novas regras". Depois, o jogo voltava para a prateleira, permanecendo ali até a próxima sessão. Ao todo, ele mexeu no Magic durante oito anos antes de o jogo chegar realmente ao mercado, embora isso tenha representado apenas alguns meses de trabalho de fato. Mas Garfield não atribui a idéia do Magic diretamente a esses oito anos de trabalho. Ele a atribui a um dia passado numa região do interior. "Tudo na minha criação de um jogo é evolutivo. A única exceção é o Magic. A idéia que tornou o Magic algo especial veio num fim de semana em que eu estava visitando uns amigos no Oregon – tínhamos ido a Multnomah Falls. Lembro-me exatamente de onde e quando aconteceu. Eu tive aquela eureca. E a idéia... parece que a idéia veio do nada."

Para entender o que foi tão revolucionário na idéia de Garfield, precisamos primeiro entender um pouco como o jogo funciona. No Magic, dois jogadores se enfrentam, cada um deles com uma série de cartas. Essas cartas são divididas em categorias, tais como criaturas, terras e magias. O objetivo do jogo é usar suas cartas em várias combinações estratégicas para destruir seu adversário, levando os pontos de força de vida dele de vinte para zero. Até então, isso não parece nada espetacular. Talvez possa lhe parecer uma versão de xadrez ligeiramente mais elaborada; nos dois jogos, você pode desenvolver uma série de arranjos estratégicos com peças que têm diferentes funções.

Mas a idéia que Garfield teve em Multnomah Falls deu ao Magic uma diferença crucial em sua criação; algo que o tornou diferente de praticamente todos os jogos que o antecederam. "O grande avanço do Magic aconteceu quando eu percebi que nem todas as cartas tinham de ser as mesmas para todas as pessoas", relembra Garfield. Antes de começar o jogo, cada jogador reúne um maço de sessenta cartas, equilibrando cartas de monstros, paisagens e magias. Essas sessenta cartas provêm da coleção particular do jogador. Uma coleção de um jogador pode ser bastante diferente da coleção de outro, porque existem centenas, e até milhares, de cartas em circulação.

Eis como funciona: quando um jogador comprar um maço de cartas, ele ganha sessenta; mas essas sessenta representam apenas parte das cartas disponíveis em toda a série de cartas. Se o jogador comprar outro maço, provavelmente vai adquirir algumas cartas que já tinha, juntamente com outras novas. Isso significa que, quando um jogador usa, digamos, uma carta do monstro Juggernaut, pode ser que o outro jogador nunca tenha visto aquela carta antes. Ainda assim, o outro jogador entenderá rapidamente como essa nova carta afeta sua estratégia e poderá, portanto, integrá-la facilmente enquanto o jogo continua. Como os jogadores levam os próprios maços de cartas, eles podem realmente jogar um jogo inteiro com cartas que nenhum de seus adversários tenha visto.

Pense nisso por um minuto. Imagine-se entrando num jogo de pôquer em que um jogador apresenta de repente um *straight flush* com um grupo de cartas totalmente novo. "Estas são ovais", diz ele. Você provavelmente ficaria confuso (ou talvez muito zangado). Os jogos simplesmente não acontecem dessa maneira. Durante toda a história, sempre foi preciso que todas as peças de um jogo estivessem presentes para que um jogo fosse justo. Se você joga xadrez, por exemplo, espera que todas as peças estejam no tabuleiro, em suas posições corretas, antes de fazer o primeiro movimento. No Magic, isso não acontece.

Quando o jogo acaba, o segundo jogador pode examinar de perto a carta de Juggernaut nova, concluir que gosta dela e tentar negociá-la por uma de suas cartas duplicadas. Acontece que algumas cartas são comuns e outras, como Juggernaut, são raras. Pode ser difícil conseguir cartas raras, não importando quantos maços você compre, e a única maneira de adquiri-las é negociando com outros jogadores. Isso pode levá-lo a participar de comunidades de jogadores locais ou na Internet, ou a se encontrar com outros jogadores em conferências. No alto disso tudo, a Wizards of the Coast lança novas séries de cartas a cada ano, tornando a pesquisa de cartas (e sua compra) um desafio contínuo e novo.

Qual é o resultado? Os jogadores podem comprar maços inteiros para conseguir uma carta em particular. Mais interessante ainda: eles encontram mil e uma maneiras de localizar jogadores com os quais possam negociar cartas. Logo os jogadores começam a negociar cartas por motivos que vão além de melhorar seu desempenho no jogo – talvez eles procurem aumentar o valor de cartas raras ou queiram obter um maço completo.

Espere um pouco. Não é isso que os colecionadores fazem? Pense em álbuns de figurinhas de futebol. Pense em selos e moedas. Você se lembra das cartas de Garbage Pail Kids*? Esses itens podem ser comprados, colecionados e negociados, levando a uma rede de colecionadores que se fortalece e se expande rapidamente.

Então, esse é o segredo do Magic: The Gathering. Ele fica na interseção de itens colecionáveis e jogos comuns, e não é de surpreender que seja chamado de jogo de cartas colecionáveis (ou jogo de negociação de cartas). A idéia intersecional que Garfield teve naquele dia em Multnomah Falls, no Oregon, foi um conceito de um campo que não era o dos jogos – era o de itens colecionáveis –, mas ele conectou os dois mundos. "Quando o jogo chegou ao mercado, foi simplesmente incrível como as vendas foram rápidas (...) aquilo se espalhou como um vírus", diz ele. "Quando eu falava do jogo e de suas

*Coleção Gang do Lixo. (*N. da E.*)

regras em conferências, as pessoas prestavam atenção fascinadas, ficavam intensamente absortas. Não sei o que era tão cativante, mas nunca antes, nem depois, eu tinha visto pessoas tão concentradas em algo (...) As dez milhões de cartas iniciais que publicamos se esgotaram em [cerca de] quatro meses."

Garfield apresenta dois motivos para o sucesso do Magic: uma fase de aprendizado longa e excitante e uma comunidade de jogadores em expansão. Se você examinar de perto, verá que ele está falando da interseção de jogos e coleções. "Em qualquer jogo, os jogadores passam por várias fases diferentes", explica Garfield. Primeiro eles aprendem as regras. Depois disso, há uma parte excitante do jogo em que os jogadores aprendem grandes idéias estratégicas. No xadrez, por exemplo, isso pode ser a maneira como você protege as peças. Se duas pessoas estão aprendendo ao mesmo tempo, a pessoa que faz a próxima grande descoberta é a que vence; então a outra pessoa a copia e melhora a nova estratégia, e isso continua para a frente e para trás. Aos poucos, diz Garfield, o jogo entra na terceira fase, na qual é muito mais difícil inovar a estratégia e as recompensas são muito menores. A maioria dos jogadores acha essa fase cansativa, e então ou eles saem do jogo ou estabelecem um método de jogar novo, mais confortável. Durante essa fase no xadrez, os jogadores podem continuar, mas não avançam de fato, e ficam essencialmente fazendo o mesmo jogo repetidas vezes. "O Magic é um pouco diferente porque você fica na fase de grande aperfeiçoamento por um longo período, uma vez que as cartas continuam mudando."

"Além disso", continua Garfield, "o Magic criou realmente uma comunidade, muito mais do que um jogo de cartas ou um jogo de tabuleiro comum. Quando você joga com amigos, vê que eles têm cartas diferentes das suas e então começa a discutir a força e a fraqueza das cartas e dos maços. Algumas cartas podem ser negociadas (...) e você se torna parte visível dessa comunidade, e é engolido por ela." No caso do Magic, trata-se de um grupo bastante interconectado. Os jogadores procuram amigos de amigos, pessoas que talvez eles nunca tenham visto, só para conseguir uma carta específica. As pessoas nessa rede, assinala Garfield, interagem de uma maneira muito mais dinâmica do que num jogo como Banco Imobiliário. Se você joga Banco Imobiliário com amigos e eles gostam, pode ser que eles comprem o jogo para jogar com outros amigos – mas é só isso.

Tudo parece simples e óbvio quando Garfield fala sobre o Magic e o que aconteceu naquele dia em Multmonah Falls. Mas, se fosse óbvio, outras pessoas teriam pensado nisso. O que estava especificamente por trás de seu momento de percepção? Como, exatamente, geramos idéias intersecionais?

A criação de uma idéia intersecional

Uma antiga tentativa do psicólogo N. R. Maier de compreender a natureza das percepções tornou-se uma conhecida experiência de criatividade.[4] A pessoa submetida à experiência é levada para uma sala. Ali, ela vê duas cordas longas penduradas num teto alto. Perto, há uma mesa com várias ferramentas, incluindo um alicate. A pessoa é informada de que o objetivo da experiência é unir as duas cordas e que ela pode usar qualquer uma das ferramentas disponíveis para resolver o problema. Em geral, a pessoa tenta primeiro amarrar as cordas simplesmente aproximando-as, mas isso, como talvez você tenha imaginado, não é possível. Se a pessoa segura uma corda e caminha na direção da outra, não consegue alcançá-la. As cordas estão distantes demais entre si.

Para resolver o problema, a pessoa precisa usar o alicate de uma maneira incomum – como um pêndulo. Quando o alicate é amarrado à ponta de uma corda, a pessoa consegue movimentar essa corda, levando-a a balançar para a frente e para trás. Agora a pessoa consegue puxar a segunda corda na direção da primeira e, quando o alicate balança de volta em seu movimento de pêndulo, ela facilmente o agarra e o usa para amarrar as cordas.

Embora a solução possa parecer óbvia nesse contexto, a maioria das pessoas acha difícil encontrá-la durante a experiência. A parte reveladora da experiência de Maier aconteceu quando ele tentou entender o que tornaria a solução mais aparente. Um dos fatores era o tipo de ferramentas oferecidas. O uso do alicate como peso exigia que a pessoa pensasse nele num contexto completamente diferente e o usasse de uma maneira incomum. Mas, se uma das ferramentas disponíveis era um prumo, que é usado como peso para pêndulo, as pessoas achavam muito mais fácil resolver o problema. Maier também descobriu que as pessoas submetidas a esse estudo respondiam a pistas. Em alguns casos, o responsável pela experiência esbarrava "acidentalmente" numa das cordas, pondo-a em movimento. Quando isso acontecia, era maior a probabilidade de a pessoa resolver o problema rapidamente. É interessante o fato de que as pessoas freqüentemente não conseguiam identificar a pista como um fator desencadeador. Quando se perguntava a elas o que as fizera pensar na solução, elas não tinham a menor idéia.

É possível aprender pelo menos duas lições importantes com essa experiência. A primeira é que a criatividade surge da combinação de conceitos de maneira incomum. Embora separados no início da experiência, o alicate e a corda se tornam uma coisa só – um pêndulo. A segunda lição é que é difícil descobrir a origem da percepção. O fator desencadeador parece ser aleatório, sorte, ou, como Richard

Garfield disse, parece vir "do nada". Em outras palavras, a criatividade é uma combinação de conceitos e é aleatória. Vamos analisar essas duas lições com mais detalhes, porque elas são cruciais para entendermos como é possível criar uma idéia intersecional.

LIÇÃO 1: É UMA COMBINAÇÃO DE CONCEITOS DIFERENTES

Arthur Koestler foi o primeiro sociólogo a apresentar uma teoria amplamente aceita sobre como idéias criativas surgem quando conceitos se encontram. Koestler sugeriu, nos anos 1960, em seu livro *The Act of Creation*, que o processo da criatividade é semelhante ao processo que nos faz rir.[5] Já imaginou, por exemplo, por que você explode numa gargalhada quando ouve uma boa piada? Ou o que exatamente torna uma piada boa?

Se você pensar, uma piada geralmente é uma história que começa ao longo de um eixo em particular, que você rapidamente apreende. Mas então, de repente e inesperadamente, a história faz uma interseção com outro conceito. A quebra, ou a colisão de conceitos, estimula uma reação – no caso, a risada. Considere a seguinte história:

> *Três homens morreram e estavam esperando para entrar no céu. São Pedro, o guardião, disse a eles que o céu estava cheio no momento e que ele só admitiria o acesso de pessoas que haviam morrido de maneira incomum – e, portanto, pediu a cada um deles que explicasse como havia morrido. O primeiro sujeito começou:* Eu morava no 14º andar de um arranha-céu e desconfiei que minha mulher estava me traindo. Então um dia cheguei em casa mais cedo e procurei por toda parte pelo amante dela. Finalmente eu o encontrei pendurado para fora da varanda, tentando se esconder. Então eu corri e comecei a bater nele

com uma fúria incontrolável. O amante finalmente não conseguiu mais se segurar e caiu, mas foi salvo milagrosamente por alguns arbustos no chão. Tentei encontrar alguma coisa pesada para atirar nele e acabei acertando a geladeira em cima da cabeça dele. Mas toda essa agitação me causou um ataque cardíaco e eu morri.

Imediatamente ele teve permissão para entrar.

Então foi a vez do segundo sujeito: Bem, eu morava no 15° andar de um arranha-céu e estava limpando minha varanda quando de repente escorreguei e caí. Por sorte, consegui agarrar o corrimão do andar de baixo e vi um homem dentro do apartamento correndo para me ajudar. Mas, em vez de me salvar, ele começou a me chutar e me bater. Finalmente, não consegui mais me segurar e caí. Por sorte, sobrevivi graças a alguns arbustos junto ao edifício. Mas, então, uma geladeira caiu do céu, atingiu minha cabeça e eu morri.

Ele também pôde entrar.

Finalmente, o terceiro sujeito disse: Bem, eu estava pelado, escondido dentro da geladeira.

Essa história tem uma direção. Talvez você tenha começado a sorrir quando ficou claro que o homem que limpava a varanda foi confundido com o amante (idéia direcional). Em seguida, a história sofre uma interseção de um conceito inesperado – o de que a geladeira não estava cheia de comida e na verdade havia um homem dentro dela. A piada é um exemplo nítido do que acontece quando pessoas de um campo descobrem uma nova percepção combinando seu conhecimento com idéias não-relacionadas, de outra disciplina. Freqüentemente, essas combinações são acompanhadas de uma reação imediata, como uma risada, ou, como Koestler chamou, uma reação de "ra-rá". Em contraste, a originalidade artística evoca uma reação de "ah!"; e a descoberta científica, uma reação de "arrá!"[6]

Esses tipos de momentos acontecem conosco o tempo todo; temos apenas de reconhecê-los. Robert Johnson, por exemplo, teve a idéia da Black Entertainment Television, BET, quando estava num táxi e ouviu alguém lançar a idéia de um canal de TV a cabo para idosos. Percebendo que isso era "o que nós já fazíamos na comunidade negra com um produto impresso", ele fez de repente uma conexão entre a TV a cabo e os consumidores afro-americanos, uma conexão que ninguém acreditava que fosse possível em 1979. Vinte anos depois, ele vendeu a BET à Viacom por 3 bilhões de dólares.[7]

Isso explica também por que as idéias intersecionais especificamente tendem a ser tão excelentes. Um dos primeiros pesquisadores de criatividade, Sarnoff Mednick, escreveu: "Quanto mais mutuamente remotos os elementos de uma nova combinação, mais criativo o processo ou a solução."[8] Em outras palavras, se os conceitos combinados forem muito diferentes, a nova idéia será, de maneira correspondente, mais criativa. Por isso, combinar *concha* com *praia* é algo que não vai fascinar ninguém, mas combinar *conchas* com *tanques blindados* vai. Por isso, ligar *programa de jogos na televisão* com *dinheiro* provoca bocejos, enquanto combinar isso com *reality show* resulta num gênero inteiramente novo de programa de TV.

Então, as idéias intersecionais são inovadoras porque os conceitos envolvidos são tão diferentes e as combinações tão incomuns que ninguém pensaria que seriam possíveis. Embora nem sempre essas combinações levem a alguma coisa útil, às vezes elas levam – nesses casos, podem funcionar como mágica.

LIÇÃO 2: É ALEATÓRIO

É sempre interessante ouvir pessoas falarem sobre quando e onde elas tiveram uma percepção em particular. Como o que desencadeou isso é algo inesperado, geralmente tende a resultar numa história boa. Considere, por exemplo, o momento de eureca de Garfield. Ele passou oito anos mexendo no Magic. Mas o grande avanço – aquele que fez o jogo deixar de ser um hobby pessoal para ser uma revolução global – aconteceu em um instante. E aconteceu quando ele visitava uma cachoeira. Por que naquele momento e por que naquele lugar? Embora Garfield seja um especialista em jogos, não houve qualquer motivo específico para ele pensar na chave para o Magic naquele momento. Parece possível que ele passasse mais alguns anos sem ter aquela percepção. Ele simplesmente teve sorte?

De fato, a sorte parece ser criticamente importante para a inovação. Quando artistas, empreendedores ou cientistas falam sobre os motivos de seu sucesso criativo, eles dizem repetidamente que tiveram sorte. (Trabalho duro é o segundo motivo. A relação entre esses dois fatores será esclarecida no Capítulo 7.) Malcolm Gladwell, ao qual me referi de maneira breve no Capítulo 1, não é apenas o autor de um livro, mas também escreve para a *New Yorker*. Em seu livro e em seus artigos, ele mostra uma estranha habilidade para conectar conceitos de disciplinas diferentes em histórias envolventes. Ele conecta temas como suicídios na Micronésia à redução dos índices de criminalidade em Manhattan e ataques à polícia com leitura da mente de pessoas. Perguntei a ele como as idéias surgem. "É muito por acaso", ele me disse. "Às vezes, não sei o que acontece. É muito aleatório. Às vezes, alguém me diz alguma coisa, é algo interessante e eu me lembro daquilo. É importante estar completamente aberto todas as vezes, para ficar surpreso com alguma informação. Metade das vezes eu não consigo sequer me lembrar de como tive a idéia."[9] Ele não é o único a ter essa sensação. A maioria das pessoas com as quais conversei tem uma grande dificuldade de explicar como teve suas percepções e por que não as teve antes.

Pesquisas têm mostrado que dois tipos principais de combinações aleatórias estão envolvidos na geração de idéias criativas.[10] O primeiro tipo, que eu chamo de "acaso raio-no-céu", acontece geralmente quando você está tentando resolver um problema. Em geral, há um objetivo específico em mente; você simplesmente não está certo sobre qual é a solução ou o produto final. Essa situação é muito comum no ambiente de trabalho. O objetivo pode ser uma campanha de marketing inovadora, uma nova concessão ou uma tecnologia de efeitos especiais. Nessas situações, a solução tende a surgir, primeiro, após um longo período de pensamentos intensos e, depois, após um período em que a pessoa não pensa muito no assunto. Durante esse período, o problema ainda é mantido de modo persistente na mente – durante horas, dias, semanas, meses ou até mesmo anos – e é associado, de forma temporária, a outros conceitos e impressões adquiridos acidentalmente ao longo do dia. Mais cedo ou mais tarde, um deles "dá um clique" com o problema e surge uma nova idéia ou uma solução.

Esse período em que a mente fica em "silêncio" e é bombardeada por impressões ao longo do dia é chamado de período de incubação, e é uma fase da criatividade bem documentada. A percepção de Garfield para o Magic é um bom exemplo desse tipo de acaso. Esses momentos "raio-no-céu" não estão reservados apenas para pessoas altamente criativas. Todos temos momentos em que uma idéia simplesmente surge do nada, desencadeada pela conexão de um acontecimento aparentemente não-relacionado.

O segundo tipo de combinação aleatória, que eu chamo de "descobertas da mente preparada", ocorre quando alguém com uma "mente preparada" se depara com um fenômeno que não esperava encontrar. Eu digo "mente preparada" porque essa observação específica poderia facilmente não acontecer se a pessoa não estivesse preparada para entender seu significado. Uma pessoa pode estar trabalhando em alguma coisa numa determinada área e então, por acaso, fazer uma descoberta sobre algo claramente não-relacionado. Muitos exemplos desse tipo de descoberta aleatória estão documentados na área de ciência e tecnologia. O exemplo mais famoso talvez seja a descoberta da vacina por Louis Pasteur em 1875. Pasteur havia esquecido uma cultura de bactéria da cólera de galinhas em seu laboratório, durante o verão. Quando voltou e injetou a bactéria velha nas galinhas, elas não morreram, como se esperava, ficando apenas levemente doentes, para em seguida se recuperarem. De início, Pasteur achou que havia alguma coisa errada com a bactéria, e então fez uma nova cultura. Quando injetou a nova cultura nas galinhas, elas também sobreviveram. Pasteur percebeu de repente que as galinhas haviam sido imunizadas, ou vacinadas, durante a primeira injeção que haviam recebido – uma descoberta completamente inesperada! Porém, se ele não estivesse preparado para entender o significado da sobrevivência das galinhas, essa percepção teria escapado.[11]

Descobertas da mente preparada são bem documentadas nas ciências, ao que parece, porque a ciência tem uma tradição de determinar um objetivo de uma experiência, uma hipótese. Portanto, fica imediatamente óbvio se uma conclusão está inteiramente fora da área do que está sendo examinado. Mas o mesmo processo de acaso é evidente em iniciativas empresariais e artísticas. Por exemplo, muitas empresas iniciantes começam a vender um produto determinado a um tipo específico de cliente, mas, depois que isso continua acontecendo por alguns anos, elas freqüentemente já mudaram os produtos ou o cliente-alvo com base em observações inesperadas, ou aleatórias, sobre o que funcionou e o que não funcionou. Mais uma vez, esses tipos de acontecimentos aleatórios acontecem com todo mundo.

A maioria das pessoas fica um pouco incomodada com a idéia de que a criatividade depende tanto do acaso. Imaginamos que a lógica, ou a habilidade, ou alguma outra coisa, ou qualquer outra coisa, deve ter muito mais a ver com isso. Achamos que deve ser possível descobrirmos o que é criativo, em vez de sermos reféns de momentos "raio-no-céu" ou de "descobertas da mente preparada". Mas somos. Pense no Magic. Richard Garfield poderia ter descoberto de maneira lógica a combinação única que está por trás daquele jogo? Provavelmente não. Por isso, ele apresentou o insatisfatório RoboRally a Peter Adkison antes de mostrar-lhe o Magic. Não havia como Garfield saber que teria uma idéia incrível sobre outro jogo apenas alguns meses depois. Em outras palavras, o Magic foi um produto da sorte.

Mas a história não está completa. Se estivesse, não haveria qualquer objetivo prático em ler este nem qualquer outro livro sobre inovação. Sabemos que alguns indivíduos, equipes e organizações são muito mais inovadores do que outros. Se a criatividade fosse apenas uma questão de casualidade, isso seria improvável. É possível aumentar as chances de encontrar idéias intersecionais extraordinárias? Isso não apenas é possível: é essencial, se você quer gerar inovações revolucionárias. O próximo capítulo mostrará como fazer isso.

CAPÍTULO **seis**

Como encontrar as combinações

CHOQUES DE METEORITOS E DECIFRADORES DE CÓDIGOS

UMA VEZ ROMPIDAS SUAS BARREIRAS associativas, você estará mais aberto a combinações aleatórias de conceitos entre campos. Embora talvez nunca consiga controlar totalmente essas combinações, você *pode* aumentar as chances de elas ocorrerem. E pode fazer isso acontecer entrando na Interseção. Este capítulo mostrará como vários indivíduos e equipes fizeram isso:

- Diversificando ocupações
- Interagindo com diversos grupos de pessoas
- Caçando a Interseção

Diversificando ocupações

Um dos mistérios que mais prevaleceram no século passado foi a causa da extinção dos dinossauros. Essas criaturas vagaram pelos continentes durante milhões de anos até que, bem de repente, desapareceram, há cerca de 65 milhões de anos. A rápida extinção intrigou paleontólogos durante décadas. Suas especulações foram muitas e incluíram teorias seriamente propostas de que os dinossauros tiveram febre do feno, perderam a competição com os mamíferos emergentes ou, simplesmente, ficaram grandes demais.[1] Isso levou o astrônomo e físico Luis Alvarez, ganhador do Prêmio Nobel, a propor que um asteróide de 10 quilômetros de extensão atingiu a Terra no fim do período Cretáceo.[2] A queda do asteróide teria formado uma enorme nuvem de poeira, a qual, por sua vez, teria coberto a atmosfera do planeta, levando a um esfriamento da temperatura e, por fim, à morte de um ramo inteiro da árvore da evolução. Hoje, esta é a principal teoria para explicar a grande extinção ocorrida muito tempo atrás.

Os paleontólogos sabiam que asteróides e meteoritos atingiram a Terra ao longo da história. Então, por que alguém do campo deles não propôs a teoria do asteróide? Bem, em poucas palavras, eles não pensaram nisso. Vindo de uma disciplina diferente, Luis Alvarez foi capaz de conectar astronomia com paleontologia e, portanto, teve uma chance maior de encontrar uma idéia que havia escapado aos outros especialistas.

O ato de se mover entre campos, ou de trocar de campo, por intermédio de diferentes trabalhos, projetos ou hobbies, pode ser uma maneira eficiente de gerar percepções não-planejadas, únicas.[3] Chamo esse processo de *diversificação de ocupação*, e esta é uma maneira comum de encontrar interseções. Foi o que Luis Alvarez – um homem com experiência em astronomia e física nuclear – fez quando se interessou por paleontologia. É claro que para isso funcionar precisamos ser capazes de associar livremente experiências diferentes, conforme foi discutido no Capítulo 4. Se conseguirmos administrar isso, seremos capazes de transplantar freqüentemente antigas metodologias e estruturas para novos ambientes e gerar combinações incomuns de idéias. Considere, por exemplo, o que aconteceu quando um engenheiro ficou curioso com as longas alças que temos em nossos rins. Durante muitos anos, fisiologistas supuseram que as alças não tinham qualquer função especial e eram resquícios da maneira como os rins se desenvolveram. Mas essas alças fizeram o engenheiro se lembrar de um multiplicador de contracorrente, um aparelho de engenharia usado para aumentar a concentração de líquidos. E ele estava certo. É exatamente para isso que elas servem em nosso corpo.[4]

Faz sentido, portanto, gastar tempo com vários projetos em campos diferentes quando você quer gerar idéias intersecionais. Infelizmente, a maioria das organizações não trabalha assim, o que torna difícil conseguir uma diversificação ocupacional. Em geral, uma empresa atua identificando o trabalho mais adequado para cada funcionário. Uma vez que a função ou a área tenha sido identificada, a empresa apóia, então, uma especialização maior. Se você é, digamos, um especialista em comércio de grãos, a empresa estará em apuros se transferir você para o gerenciamento da assistência médica. Você é mais útil à empresa no comércio de grãos. Mudar uma pessoa de uma área em que ela se sobressai para outra que ela mal conhece parece ser algo que desafia o bom senso. Se seu objetivo é manter o desempenho elevado e inovar em passos pequenos e direcionais, a especialização é o caminho certo. Mas, se você quer desenvolver idéias novas e revolucionárias, as experiências altamente variadas são cruciais.

Uma empresa que entende esse princípio é a Bain & Company, e sua presidente, Orit Gadiesh, é a força propulsora que faz isso acontecer. A Bain – uma das principais empresas do mundo em consultoria de estratégias – é uma companhia que ajuda organizações a desenvolver estratégias de crescimento inovadoras. Se um cliente quer entrar no mercado alemão com sua linha de produtos, a Bain pode ajudá-lo a desenvolver uma estratégia especial e bem-sucedida.

Gadiesh é conhecida como a pessoa cuja liderança tirou a Bain de dificuldades financeiras no início dos anos 1990 e pôs a empresa num bem-sucedido caminho de crescimento. Sua reputação e seu prestígio são bem conhecidos no mundo da consultoria. Assim como sua história. Ela passou dois anos na unidade de inteligência israelense "aprendendo a não ser intimidada por pessoas importantes". Depois de se formar em psicologia, Orit Gadiesh deixou Israel para ingressar na Harvard Business School, embora mal soubesse uma palavra em inglês. Formou-se dois anos depois entre os 5 por cento de alunos com melhor desempenho em sua turma.

Gadiesh é uma rebelde, uma radical, em muitos sentidos. É dura com seus clientes e não teme ir contra uma multidão. Quando todos estavam entrando na onda gigantesca do boom da Internet, ela se recusou a surfar naquele tsunami. "É uma ferramenta! Não uma mudança de paradigma", disse, o que lhe rendeu o título de "dinossauro", conferido por especialistas na época. É claro que isso aconteceu antes do colapso da bolha da Internet e da morte de empresas de muitos bilhões de dólares cujos valores evaporaram e cujos nomes ninguém mais se lembra hoje em dia.

Quando me encontrei com Gadiesh na sede da Bain, em Boston, notei imediatamente que ela não tinha o estereótipo de consultora.[5] Nenhum vestido azul-marinho, nenhum conjunto de três jóias. Ela parecia o que eu achava que uma rebelde corporativa pareceria – ela própria. Devia estar usando pelo menos umas 15 pulseiras e os saltos muito altos pontuavam seus passos. Seu sorriso era aberto e seu olhar, concentrado. Menos de um minuto depois estávamos falando de interseções.

"Algumas pessoas dizem que o homem renascentista moderno é um banqueiro de investimentos que gosta de cavalgar nos fins de semana de folga, ou algo assim", diz ela, com uma risada. "Isso não é um homem renascentista, é um homem com um hobby. O homem renascentista é alguém que consegue enxergar tendências e padrões e integrar o que ele sabe. Para mim, o homem renascentista moderno é curioso, interessado em áreas diferentes. Você tem que querer 'gastar tempo' com coisas que não são diretamente relevantes para seu trabalho porque você é curioso. Mas assim você consegue, às vezes inconscientemente, integrá-las a seu trabalho."

À primeira vista, Gadiesh não parece ser alguém com uma experiência em ocupações diversas. Ela ingressou na Bain Consulting em 1977 e ali ficou desde então. "Eu sei o que você quer dizer", diz ela, quando chamo atenção para isso. "Mas isso não é realmente um paradoxo. Trabalhei em todos os campos que existem." Seu trabalho na Bain tem sido tudo, menos especializado. Ela se diz especialista em ser generalista, ou uma especialista-generalista, termo que cunhou dentro da empresa para descrever uma pessoa perita em gerar estratégias e percepções inovadoras para qualquer indústria. Ela nunca escolheu uma prática dentro da Bain e trabalhou em quase todas as indústrias. Não tem necessariamente de entender como se fabrica aço (embora saiba) para entender aspectos da estratégia para a indústria siderúgica. "Sei que, quando olho uma siderúrgica, faço isso de uma perspectiva diferente das pessoas que trabalham nessa indústria há décadas." Gadiesh acredita que essas percepções podem vir de outros campos, e não apenas dos negócios. Por exemplo, ela lê quase cem livros por ano, nenhum sobre negócios.

Orit Gadiesh incutiu esses valores na cultura da Bain e, talvez mais do que em qualquer outra empresa de consultoria, a organização da Bain reflete esses valores. Embora a Bain certamente tenha práticas e especialistas, seus consultores trabalham em áreas fora de suas especialidades. Você pode encontrar o chefe da prática de assistência médica trabalhando em estratégia de mídia. "Ele vai retornar à prática de assistência médica com mais idéias, e nós teremos levado novas idéias para a estratégia de mídia", explica ela. "Não me entenda mal. Neste momento, temos especialistas em praticamente todos os negócios. Temos pessoas que podem falar sobre produtos de consumo e alta tecnologia até dormindo. Temos que ter. Esta é a parte fácil. Mas não deixamos uma pessoa fazer apenas isso durante toda a sua carreira, o tempo todo. Foi por isso que eu disse que fazemos as pessoas trocarem de área e de campo. Isso é fundamental na Bain, o motivo central do nosso sucesso. Você se torna melhor em sua área de especialização quando realmente aproveita uma oportunidade e faz outra coisa."

Gadiesh percebe claramente que, se os consultores da Bain conseguem encontrar seu caminho para a Interseção, são capazes de prestar uma ajuda melhor aos clientes da empresa. Afinal de contas, foi isso que permitiu a ela se sobressair. Mas indivíduos que esperam desenvolver idéias intersecionais não podem simplesmente esperar que sua organização proporcione a eles uma diversificação de ocupações. Eles têm de controlar o próprio destino. Ao assegurarmos nossa exposição a diferentes campos durante nossa carreira, nós nos preparamos para mais combinações aleatórias de conceitos. Frank Herbert, autor do livro de ficção científica *Duna*, é um bom exemplo de alguém que usou essa estratégia como vingança.[6]

Durante a Segunda Guerra Mundial, Herbert foi fotógrafo autorizado da Marinha dos Estados Unidos. Mais tarde, tornou-se repórter e editor de vários jornais da Costa Oeste e trabalhou também como operador de câmera de TV, comentarista de notícias de rádio e até como redator de discursos para políticos da Califórnia. Também trabalhou como consultor de estudos sociais e ecológicos no Vietnã e no Paquistão e foi professor de estudos gerais e interdisciplinares na University of Washington. E não parou por aí. Foi também mergulhador para pesca de ostras, instrutor de judô e instrutor de sobrevivência na selva. Em 1973, foi diretor e fotógrafo do programa de TV *The Tillers*. Herbert trabalhou e estudou em campos tão diversos quanto geologia submarina, psicologia, navegação e botânica de selva. E, é claro, foi um escritor de ficção científica prolífico, tendo publicado mais de 25 livros até sua morte, em 1986.

Então, talvez Herbert seja um pouco incomum. Poucas pessoas poderiam esperar, ou até mesmo querer, imitar sua vida incrivelmente produtiva e variada. Mas Herbert é um caso fascinante de como a diversificação ocupacional leva à Interseção. Muitos consideram *Duna* o melhor livro de ficção científica já escrito.[7] O livro e suas seqüências combinam teorias profundas sobre ecologia, religião, técnicas de sobrevivência no deserto, filosofia e política de guerra em histórias emocionantes. Foram as diversas experiências ocupacionais de Herbert – e sua habilidade para incutir o conhecimento resultante disso no enredo de suas histórias – que acabaram levando a seus sucessos literários.

Na verdade, os inovadores bem-sucedidos tendem a trabalhar em vários projetos inter-relacionados de uma só vez, circulando dentro de uma "rede de empreendimentos", de acordo com o que parece mais promissor no momento. Tanto Thomas Edison quanto Charles Darwin, por exemplo, tinham muitos diários e pastas onde podiam guardar anotações e artigos relacionados a quaisquer projetos em que estivessem trabalhando. Regularmente, eles analisavam suas anotações, liam projetos antigos e reconsideravam idéias anteriores, inclusive as que não funcionavam. Enquanto analisavam seus arquivos com olhares novos, eles podiam encontrar conexões com um dilema que tinham no momento e talvez pensar numa nova solução.[8]

Trabalhando com diversos grupos de pessoas

Durante a Segunda Guerra Mundial, os Aliados estavam lutando uma batalha perdida contra a Marinha alemã. Quando um submarino alemão localizava um comboio dos Aliados, enviava um sinal codificado a outros submarinos alemães na área. Esses submarinos se reuniam então numa formação de grupo, conhecida como "manada de lobos", e atacavam o navio com incrível sucesso. Os alemães eram incrivelmente eficientes; entre 1940 e 1941, afundaram mais de cinqüenta navios por mês, levando a um total de mais de cinqüenta mil mortes.

Os Aliados eram impotentes contra esses ataques porque não conseguiam decifrar o sistema alemão de codificação, produzido por meio de uma máquina de codificação conhecida como Enigma, o mais formidável codificador. A inteligência britânica criou, então, o mais formidável grupo de decifradores de códigos, que tinha como sede uma ampla mansão vitoriana chamada Bletchely Park. Embora os criptógrafos venham tradicionalmente do campo da lingüística, esse grupo incluía também matemáticos, cientistas, estudiosos das ciências clássicas, mestres de xadrez e viciados em palavras cruzadas. Todos trabalhavam juntos sob sigilo absoluto. Reunida, essa equipe diversa conseguiu decifrar o Enigma e, como resultado, mudou a maré na batalha naval.[9]

Há poucas dúvidas de que equipes diversas, como a de Bletchely Park, têm mais chances de ter idéias únicas. Não quero dizer diversidade apenas em termos de disciplina, mas também em termos de cultura, etnia, geografia, idade e sexo. A diversidade em equipes permite que surjam diferentes pontos de vista, abordagens e estados de espírito. A diversidade é também uma maneira comprovada de aumentar a aleatoriedade de combinações de conceitos. Diz-se freqüentemente que um dos motivos do índice de inovação sem paralelos dos Estados Unidos é sua população diversa.[10] Pessoas que experimentaram o poder inovador de equipes diversas tendem a fazer tudo o que podem para incentivá-las.

Steve Miller é uma pessoa assim. Ele é ex-diretor-geral e ex-presidente da Royal Dutch/Shell, a quarta maior empresa do mundo. Se você conversar com Miller sobre inovação, durante um período qualquer, ficará claro que ele acredita que a diversidade é um ingrediente crucial.[11] A globalização a tornou uma necessidade para uma multinacional como a Shell. "Você começa a descobrir que consegue umas idéias realmente claras, geradas da criação de uma cultura em que pessoas de diferentes etnias, culturas, experiências e países (...) se unem", diz ele. "Invariavelmente, você descobre que as melhores idéias surgem desse mosaico de jogadores trabalhando juntos, numa equipe, num projeto. Eles vão apresentar uma resposta diferente daquela que qualquer um deles teria individualmente."

Trabalhar com um grupo de pessoas diversificado é, portanto, uma ótima maneira de aumentar a criatividade. Embora isso talvez possa parecer uma verdade óbvia, é impressionante como raramente o fazemos. As pessoas tendem a se agarrar a suas próprias etnias e culturas. Miller, freqüentemente, vê gerentes que entendem a lógica de que uma equipe de pessoas com experiências diferentes pode ser mais criativa, uma vez que "você pode trabalhar intelectualmente seu caminho através dela". Mas a maioria das pessoas tem dificuldade de passar da compreensão da lógica desse argumento para a verdadeira aplicação dele, diz Miller. Ele acredita que é mais fácil fazer isso quando você realmente viu o poder das equipes diversas, "porque aí você realmente sabe que isso funciona".

Por que hesitamos tanto em trabalhar com equipes diversas? O motivo é, pelo menos em parte, uma característica da natureza humana. Os seres humanos tendem a se agarrar a pessoas que são como eles e a evitar as que são diferentes. Psicólogos têm um nome para essa tendência. Eles a chamam de efeito da atração pelo semelhante. Donn Byrne, da State University of New York, em Albany, um psicólogo social pioneiro nessa área, desenvolveu um teste para estudar isso.[12] Eis como funcionou: um grupo de universitários foi solicitado a indicar suas atitudes em relação a 26 temas que iam desde sexo antes do casamento, seriados cômicos na TV e necessidades de estudantes e professores até a legalização da maconha. O pesquisador reuniu as respostas e parecia que a experiência havia acabado.

Duas semanas depois, os participantes foram informados de que agora eles estavam num novo estudo, que investigava até que ponto uma pessoa podia prever o comportamento da outra. Os estudantes receberam escalas que mostravam as atitudes de outras pessoas em relação aos temas anteriormente mencionados. Em seguida, foram solicitados a classificar cada pessoa em categorias, como o que sentiam em relação a esse estranho, se gostariam de trabalhar com ele e por aí adiante. Mas não *havia* qualquer "outra pessoa" (e é por isso que essa técnica é chamada de técnica do falso estranho). Em vez disso, quando o responsável pela experiência preparou as escalas, inventou outras pessoas com atitudes semelhantes ou diferentes das dos estudantes que participavam da experiência. Aconteceu que em todos os casos o estudante demonstrou atração pelo falso estranho se as atitudes relatadas eram semelhantes às suas. O estudante gostava mais desse falso estranho, queria trabalhar com ele e o avaliou de maneira mais positiva em todos os casos.

O que surpreende nesses resultados não é o fato de as pessoas serem atraídas por outras semelhantes a elas; isso é algo que sabemos por experiência própria. O surpreendente é como esse efeito é previsível. O Dr. Byrne descobriu que, à medida que a proporção de atitudes semelhantes aumenta, a atração aumenta. O efeito é tão previsível que pode ser expresso por meio de uma equação de regressão.

O efeito da atração pelo semelhante pode ter um impacto devastador sobre nossos esforços para formar equipes diversas. A maioria das pessoas, por exemplo, acha que é bastante correta ao entrevistar candidatos para um emprego. Algumas alegam até que logo que o candidato entra pela porta podem dizer se ele é adequado. "Quando você está no jogo há tanto tempo quanto eu, consegue identificá-los imediatamente", dizem. Essa afirmação contraria centenas de estudos realizados desde o início do século passado.[13] Esses estudos mostram conclusivamente que a entrevista não-estruturada não tem praticamente validade alguma como ferramenta para seleção. Esse tipo de entrevista não nos dá informações suficientes para compreender as qualificações de um candidato. Há muitas razões para esse problema. As pessoas tendem a buscar pontos em comum em outras. Tanto a pessoa que conduz a entrevista quanto o entrevistado tentam encontrar rapidamente um denominador comum; quando o encontram, eles têm uma sensação boa recíproca. O resultado é que as pessoas tendem a contratar candidatos parecidos com elas próprias. Fazemos isso porque somos afetados por propensões subjetivas, e em particular pelo efeito da atração pelo semelhante. Mesmo se quisermos criar um ambiente inovador com tipos de pessoas diferentes, enfrentaremos milhões de anos de evolução que vão contra esse desejo. Mas, se quisermos levar a nós mesmos, e nossas organizações, para a Interseção, teremos de diversificar. Como?

Em seu livro *Weird Ideas That Work,** o professor Robert Sutton, da Stanford University, sugere vários métodos para fazer isso acontecer.[14] Uma de suas primeiras idéias estranhas é contratar pessoas que o façam sentir-se desconfortável, mesmo aquelas das quais você não gosta. Se você está pensando em empregar um candidato porque "Eu gosto dele" ou porque "Ele é exatamente como nós", estas podem ser, na verdade, razões para *não* contratá-lo, supondo que o trabalho ou a equipe requerem criatividade. Gerentes podem combater essa tendência monitorando sinais de que as pessoas estão contratando pessoas demais parecidas com elas (por exemplo, verificando o percentual de formandos de uma mesma escola, área geográfica, disciplina, experiência de trabalho, ex-patrão, idade, raça e sexo). Sutton também incentiva as empresas a contratar pessoas das quais elas não precisam, pelo menos ainda não. Isso pode parecer um conselho estranho de início, mas é maior a probabilidade de as pessoas levarem algo novo para a empresa quando não são contratadas para preencher uma função estabelecida. E se elas forem motivadas e engajadas, serão capazes de encontrar interseções entre suas habilidades e as necessidades da organização.

Algo que as pessoas freqüentemente deixam de estimar é que o inverso dessas sugestões também é verdadeiro. Ou seja, se você quiser gerar idéias intersecionais, deverá buscar ambientes em que trabalhará com pessoas diferentes de você. Explicando de outra maneira: um caminho certo para inibir sua criatividade é buscar ambientes nos quais as pessoas são exatamente como você. Se você se sente atraído por uma organização porque todos ali vêem o mundo da mesma maneira que você (sob o aspecto racional, intuitivo, artístico,

**Idéias estranhas que funcionam.* (N. do T.)

financeiro ou qualquer outro), pense apenas em como isso vai ajudar você. Há chances de você acabar numa equipe com pessoas que agem e pensam como você. As pessoas de sua equipe vão se entender muito bem e fazer muitas coisas juntas. Mas formarão uma equipe inovadora? Muito provavelmente, não. Todos vão se sentar à mesa com uma disposição semelhante – e vão se levantar do mesmo jeito.[15]

Mesmo quando as organizações têm excelentes oportunidades de usar grupos de pessoas diversificados, freqüentemente deixam de fazer isso. John Donaghue, diretor do Programa de Ciência do Cérebro da Brown University, discutido no Capítulo 1, considera o ambiente aberto e conectado de uma universidade a razão-chave de seu sucesso. Mas ele tem visto pessoas lutando para desenvolver uma atmosfera desse tipo: "Muitas vezes, visitei outros laboratórios e notei que havia outra equipe de pesquisa bem do outro lado do corredor, e comentei como seria bom se os dois grupos pudessem se reunir e trocar idéias. 'Reunir?', perguntavam. 'Eu nem conheço quem trabalha do outro lado do corredor.' E eu ficava surpreso, já que considero esse tipo de interação crucial para o nosso sucesso."[16]

Dito isso, deixe-me reconhecer rapidamente que este não é um conselho fácil de seguir. Existe outra razão além da genética para nossa tendência a ficar com pessoas que são como nós: isso torna tudo muito mais *fácil*. Contratar pessoas das quais não gostamos pode causar problemas – discussões e uma atmosfera negativa. Reunir simplesmente pessoas de diferentes disciplinas e culturas, com estilos de pensamento variados, valores diferentes e atitudes diversas, *não* é a mesma coisa que formar uma equipe inovadora. Uma dinâmica de grupo problemática básica funcionará contra você, a não ser que o grupo seja gerenciado apropriadamente.

Para começar, é importante despersonalizar conflitos. As pessoas devem ser capazes de discordar de qualquer pessoa do grupo – mas não sem uma razão. Desentendimentos podem levar pessoas a se sentirem injustamente atacadas se a discussão não for específica. Também é importante manter um ambiente aberto, em que todas as idéias sejam igualmente ouvidas.[17]. Líderes de equipes podem, conscientemente ou não, limitar o alcance das idéias entre os membros do grupo. Mas, na Interseção, precisamos de tantas oportunidades de combinações aleatórias de idéias quanto possível. Uma equipe de pessoas diversas que se sentem livres para trocar e combinar suas idéias é exatamente o que pode fazer isso acontecer.

Caçando a Interseção

Para gerar idéias intersecionais, precisamos aumentar as chances de as combinações aleatórias ocorrerem. Isso acontece quando diversificamos ocupações, como Frank Herbert e Orit Gadiesh fizeram. Também ocorre quando interagimos com pessoas que têm experiências, atitudes e culturas diferentes das nossas, como os decifradores de códigos que desvendaram o Enigma e as equipes da Shell. As duas estratégias têm como foco o aumento do número de combinações aleatórias de conceitos diferentes por meio da diversificação. Mas é possível trazer esse processo à tona sempre que precisamos?

Se o aumento das combinações aleatórias está no cerne da geração de idéias intersecionais, faria sentido introduzir intencionalmente a aleatoriedade em nosso padrão de pensamento. Uma sugestão como essa pode parecer estranha, porque raramente fazemos algo aleatoriamente. Se você quer, por exemplo, pensar numa maneira melhor de enviar mensagens por meios de telecomunicação, seria estranho examinar idéias relacionadas, digamos, ao hábito alimentar das formigas. Isso não tem qualquer relevância aparente para os problemas das telecomunicações e, portanto, não é considerado. Mas seria possível essa abordagem, embora contrária à lógica, produzir idéias significativas, práticas e inovadoras?

É possível, e você verá o exemplo formigas/telecomunicações explicado mais adiante neste livro. Tanto a pesquisa acadêmica quanto uma boa dose de informações casuais têm claramente demonstrado as vantagens de introduzir a aleatoriedade em nossos padrões de pensamento. Eu chamo de *caça à interseção* o esforço intencional de encontrar combinações incomuns de conceitos e, paradoxalmente, há algumas maneiras estruturadas de fazer isso.[18]

Caçar a interseção significa procurar conexões em lugares improváveis e então verificar aonde essas conexões levam. Quando Edgar Allan Poe tinha de criar um novo enredo para sua próxima história, por exemplo, ele procurava duas ou três palavras aleatoriamente num dicionário e depois tentava associá-las. Se conseguisse, começava a escrever; caso contrário, procurava três novas palavras e tentava novamente. Michael Michalko, que mencionei no capítulo anterior, descreve outra maneira de caçar a interseção, algo que ele chama de "fazer uma caminhada do pensamento".[19]

Se você está trabalhando num problema específico, ou está simplesmente começando a estruturar uma idéia, pode fazer uma caminhada do pensamento para aumentar as chances de combinações aleatórias. Durante uma caminhada do pensamento você poderá chegar a seu escritório, a um estacionamento ou ao fim da rua. Apanhe, pegue emprestado, compre ou anote aleatoriamente itens durante sua caminhada do pensamento (por exemplo, vara de pescar, refrigerador, frasco de perfume, dobradiça de porta, flores etc.). Não escolha coisas que você acha que estão relacionadas ao problema ou à idéia, porque isso seria uma combinação de conceitos planejada, não aleatória. Em vez disso, escolha itens sem qualquer conexão aparente; seu trabalho será encontrar uma conexão.

Quando você voltar de sua caminhada do pensamento, escreva as características de cada palavra ou item que você colheu ou anotou. A palavra *pintura*, por exemplo, pode incluir várias características: pode ser feita com diferentes meios, como óleo, água, computador ou lápis; pode ser grande ou pequena; em geral, fica pendurada na parede; freqüentemente, tem seu valor aumentado ao longo do tempo; é um item de coleção; é encontrada em museus; e por aí adiante. Agora tente forçar uma conexão entre essas características e o problema no qual você está trabalhando. Algumas idéias geradas poderão lhe dar uma percepção única para resolver o problema. Michalko dá o seguinte exemplo de caminhada do pensamento bem-sucedida:

> *Alguns meses atrás, um grupo de engenheiros estava procurando maneiras de remover com segurança e eficiência o gelo acumulado em fios de luz durante tempestades de neve, mas não conseguia encontrá-las. Eles decidiram fazer uma "caminhada do pensamento" em torno do hotel. Um dos engenheiros voltou com um jarro de mel que comprara numa loja de presentes. Ele sugeriu pôr potes de mel no alto de cada poste. Disse que isso atrairia abelhas. As abelhas pousariam no poste para pegar o mel e isso faria o poste balançar, fazendo o gelo cair com a vibração nos fios. Trabalhando com esse conceito de vibração, eles tiveram a idéia de levar helicópteros para pairar sobre os fios. Isso fez os fios vibrarem e o gelo cair.*

Qualquer fonte aleatória de inspiração é válida na caça às interseções. Pare um pouco o que você está fazendo, apanhe um bloco de anotações e comece a forçar conexões entre observações não-relacionadas e o problema à sua frente. Com tempo e sorte, você encontrará um conceito que vai desencadear uma percepção incomum. Antes de embarcar num vôo, por exemplo, compre algumas revistas que você normalmente não lê, escolha uma página em uma delas e tente conectar o que está na página com algo com que você esteja trabalhando. Se não conseguir encontrar uma conexão, ou se a conexão parecer não combinar, vire a página, mas não se detenha em imagens que apresentem uma relevância óbvia para o problema. Se você está, digamos, escrevendo um guia de viagens, procure idéias em livros de culinária. Ou, da próxima vez que estiver planejando um jantar, procure inspiração num guia de viagens. De uma maneira ou de outra, você simplesmente aumentará suas chances de encontrar uma improvável interseção de campos e as idéias extraordinárias que acompanham essa descoberta.

Quer gostemos ou não, o processo de inovação é ditado pelas combinações aleatórias de conceitos diferentes. Indivíduos e equipes que freqüentemente abrem novos caminhos sabem disso e, portanto, maximizam suas chances de encontrar idéias intersecionais. Eles fazem isso introduzindo a diversidade em suas ocupações, equipes e encontros. Isso funcionou para Richard Garfield. A Wizards of the Coast continuou a desenvolver a indústria de jogos de cartas colecionáveis de uma maneira direcional. Por outro lado, Garfield seguiu adiante, tentando encontrar a próxima novidade. "Tem sido um bom negócio tirar antigas idéias do armário e imaginar onde usá-las no futuro", diz Garfield, "portanto estou olhando muitas disciplinas diferentes, tentando combiná-las para criar um novo jogo."[20] Um jogo que seja bastante diferente de tudo que o mundo dos jogos já viu.

Preparando-se para a explosão

As histórias e estratégias apresentadas até agora têm a intenção de ajudá-lo a encontrar esse espaço – a interseção – entre campos diferentes. Ali, haverá uma chance maior de encontrar combinações de conceitos improváveis o suficiente para serem consideradas revolucionárias. Mas, de maneira notável, isso por si só não explica completamente como a Interseção pode criar a explosão de inovação que eu chamo de Efeito Medici. Existe outra força atuando – e ela é muito forte.

CAPÍTULO **sete**

Produza uma explosão de idéias

SUBMARINOS E ROCK-AND-ROLL

Era uma tarde calma do verão de 1982. O prolífico inventor e engenheiro Håkan Lans e sua mulher, Inga, vinham navegando pelo arquipélago de Estocolmo nos últimos dias, aproveitando um raro período de tempo bom. No fim da tarde, eles atracaram numa pequena ilha e Lans decidiu sair para uma caminhada tranqüila. Ele subiu ao topo da ilha e se sentou para descansar.[1]

Antes de fazer esse passeio no mar, a mente de Lans vinha sendo ocupada por uma questão particularmente complexa. Mais ou menos um ano antes, ele soubera do novo Sistema de Posicionamento Global (GPS) das forças americanas, uma constelação de satélites deslocados para ajudar as Forças Armadas em navegação e localização de posições. Hoje, o GPS tem uma ampla variedade de usos comerciais – desde o rastreamento de carros roubados até o rastreamento de filhos –, mas na época era completamente novo.

Lans percebeu, mesmo naquela época, que a rede de satélites do GPS poderia ser usada de maneiras diferentes, como parte de uma tecnologia muito maior que tornaria mais segura a navegação de aviões e navios. Ele imaginou um sistema em que cada avião pudesse se coordenar com todos os outros, em vez de depender de um sistema de torres equipadas com radares, caro e sujeito a acidentes. O sistema que ele imaginou pouparia bilhões de dólares, pouparia vidas e ainda criaria espaços livres em rotas aéreas cada vez mais congestionadas.

Só havia um problema: não era possível realizar o que ele imaginava. Lans enfrentava o que parecia ser uma limitação física insuperável. Para tornar sua idéia realidade, todos os aviões teriam de transmitir suas posições para outros aviões próximos praticamente ao mesmo tempo. A tecnologia atual que torna isso possível, a TDMA (Time Division Multiple Access), era, infelizmente, inadequada. Talvez a melhor maneira de entender os limites da TMDA seja imaginar milhares de pessoas gritando ao mesmo tempo para informar suas posições. Seria impossível ouvir o que algumas delas diriam, porque suas vozes seriam abafadas por outras, assim como um burburinho de animais, de manhã cedo, numa floresta. Portanto, o sistema seria inútil.

No alto daquela ilha, tão distante de computadores e tecnologia, a questão de seu sistema de navegação veio de repente à mente. Olhando o mar brilhando ao longe, ele teve uma idéia. E se um avião pudesse transmitir sua posição apenas quando estivesse se aproximando de outro avião? Afinal de contas, não era esse o único momento em que era possível uma colisão? Isso não deixaria algum tempo no ar livre de transmissões, permitindo que os aviões se comunicassem de maneira mais ordenada? Talvez, pensou ele. Talvez fosse possível...

De acordo com a descrição desse momento por Lans, sua respiração tornou-se mais lenta e parecia que o mundo em torno dele havia parado. Ele começou a tremer quando uma associação se juntou a outra e uma visão inteira de idéias e invenções relacionadas se formou em sua mente. Lans se levantou e correu de volta ao barco. Precisava voltar a trabalhar.

A relação entre quantidade e qualidade de idéias

EXISTE ALGO QUE SE PODE considerar uma característica definidora dos inovadores bem-sucedidos? Existe alguma coisa que, mais do que qualquer outra, é válida para pessoas que desenvolvem idéias revolucionárias? Na verdade, existe, e é isso: *Os inovadores mais bem-sucedidos produzem e percebem um número incrível de idéias.*

A correlação mais forte da qualidade das idéias é, na verdade, com a quantidade de idéias. Um olhar mais aproximado sobre a quantidade de novos produtos, canções, livros, artigos científicos, conceitos de estratégia, idéias – qualquer categoria, em qualquer lugar –, revela que eles não são distribuídos igualmente. Em qualquer campo da atividade criativa, é típico descobrir que cerca de 10 por cento dos criadores são responsáveis por 50 por cento de todas as contribuições.[2] Alguns indivíduos ou equipes de criação vão propor dez, cem ou até mil vezes mais idéias do que seus colegas. Não bastasse isso, aqueles que têm a maioria das idéias são também os que têm o impacto de inovação mais significativo. Isso acontecia no passado; Pablo Picasso, por exemplo, produziu vinte mil obras de arte; Einstein escreveu mais de 240 artigos científicos; Bach escrevia uma cantata a cada semana; Thomas Edison bateu um recorde: 1.039 patentes. Isso é válido para hoje em dia. Diz-se que Prince tem mais de mil canções guardadas em sua "caverna" secreta; Richard Branson abriu 250 empresas.[3]

Considere uma escritora como Joyce Carol Oates, uma das candidatas habituais ao Prêmio Nobel de Literatura. Ela publicou seu primeiro romance em 1964 e quase quatro décadas depois havia publicado um total de 45 romances, 39 coleções de histórias, oito coleções de poesia, cinco peças de teatro e nove coleções de ensaios; e havia contribuído para 16 antologias.[4] Ela escreve histórias da maneira como alguns de nós assinamos cartões comemorativos. Esse é o tipo de pessoa que inova.

Por que alguns inovadores são tão produtivos? E o que isso, de fato, tem a ver com a Interseção? Este capítulo responderá a essas duas perguntas, porque elas são cruciais para entender por que a Interseção tem tanto poder para criar o Efeito Medici. O motivo básico é este: a interseção de campos, culturas e disciplinas gera combinações de idéias *diferentes*, sim; mas gera também um *número maciço* dessas combinações. Então, as pessoas na Interseção podem perseguir mais idéias ao buscarem as idéias certas.

Praticamente todas as pessoas ou equipes que encontrei enquanto aprendia sobre a interseção enfatizaram a necessidade de testar muitas idéias para conseguir gerar algo revolucionário. Talvez ninguém exemplifique isso melhor do que Håkan Lans. Embora, provavelmente, você nunca tenha ouvido falar dele, trata-se de um dos inovadores mais prolíficos e bem-sucedidos de nossa época.

O produtor de idéias

A PRIMEIRA COISA que me impressionou em Lans foi sua aparente simplicidade.[5] Ele vive modestamente, com menos do que poderia, numa casa simpática, mas não luxuosa, e tem um carro simpático, mas não luxuoso. Ele não tenta chamar atenção, mas claramente não é tímido. Quando começa a conversar, pode falar durante horas sobre praticamente nada.

A segunda coisa que me impressionou foi que Lans é diferente da maioria das pessoas descritas neste livro, por ter crescido e vivido a maior parte de sua vida num único lugar, nos arredores da cidade de Estocolmo. Lans rompeu suas barreiras associativas *aprendendo de maneira diferente*; ele é autodidata em praticamente todas as disciplinas ligadas a tecnologia e engenharia. Também é especialista em encontrar interseções entre muitos desses campos. Ele dirá a você que esse é o motivo de seu sucesso. Hoje, ele é um dos cientistas mais renomados na Suécia, mesmo sem ter um Ph.D. formal. Qual é seu segredo? Como ele chegou aí?

Hábitos modestos à parte, sua vida tem alguns elementos de um bom romance de espionagem, incluindo espionagem internacional, grandes batalhas judiciais e roubos de patentes. Sozinho, ele repreendeu empresas como a Hitachi por questões de violações de direitos autorais e desafiou organismos mundiais, como as Nações Unidas e a União Européia. Mas ele também produziu idéias e inovações num ritmo prolífico.

Sua inovação mais significativa é, provavelmente, o desenvolvimento de um sistema de navegação chamado STDMA (Self-organizing Time Division Multiple Access).* Essa percepção "raio-no-céu"

*Acesso Múltiplo Auto-Organizado com Divisão de Tempo. (*N. do T.*)

que Lans teve na ilha acabou levando ao lançamento de um projeto incrivelmente ambicioso que ele demorou muitos anos para concluir, completamente sozinho. Hoje, o sistema está se tornando o padrão mundial para a navegação do tráfego aéreo e marítimo. Pode parecer uma idéia que se tem uma única vez na vida, mas é apenas um exemplo da contínua procura de Lans por interseções envolvendo vários tipos de veículos e tecnologias de computação ou engenharia.[6]

Uma de suas primeiras experiências na infância como inovador se encaixa nessa categoria. "Era primavera, e todas as crianças estavam construindo carrinhos de rolimã, tentando fazer isso o mais rapidamente possível", diz ele. Mas Lans era sempre um pouco diferente. "Eu tentava integrar um motor de motocicleta num carrinho. Mas isso era difícil; levava tempo. Os outros concluíram seus carrinhos e começaram a disputar corridas, e zombaram de mim porque eu não tinha um."

Então, certa manhã, Lans finalmente conseguiu fazer a combinação de carrinho e motor funcionar. Ele deu a partida no carro e foi para a escola, parando na entrada e deixando o motor ligado. Logo, todas as crianças da escola estavam em volta dele, olhando. Lans diz: "Eu simplesmente desliguei o motor, levantei-me, pedi licença e fui para a sala de aula. Eu me senti muito bem, e acho que esse sentimento particular de orgulho serviu para me dar a confiança de que eu poderia ter sucesso [como inovador]."

O jovem Lans também fabricou foguetes que voaram e explodiram. Certa vez, ele explodiu a cozinha de sua casa inteira. Alguns anos depois, quando tinha 17 anos, decidiu fabricar um submarino. Não tinha dinheiro, é claro, mas conseguiu formar uma rede de patrocinadores. Obteve uma chapa de aço de uma empresa, conseguiu que alguém a dobrasse da maneira como ele queria, convenceu outra pessoa a prender um vidro, e por aí em diante. Tudo de acordo com seu projeto. Ele entrevistou médicos para saber como os seres humanos respiram e depois fabricou um sistema de salva-vidas completo para o submarino. Quando concluiu o *Submarino Amarelo*, como ele o chamou, Lans o manteve embaixo d'água durante 36 minutos consecutivos. E foi fundo. Lans, que acabara de fazer 18 anos, conseguiu levar o submarino feito em casa a 100 metros de profundidade. Na época, a Marinha sueca tinha apenas cinco submarinos.

Lans sempre demonstrou uma incrível habilidade para combinar idéias diferentes de campos diferentes. Quando a TV em cores chegou ao mercado sueco, ele percebeu que os monitores de computador acabariam exibindo cores também. É claro que ninguém sabia o que ele estava falando; poucos sabiam sequer o que era um computador. Mas sua visão o levou a desenvolver um chip para imagens coloridas que se tornou padrão para a produção de imagens coloridas em computadores nos anos 1980. É difícil superestimar o impacto dessa conquista. Sua tecnologia de chip foi lançada em quase todos os computadores com monitores coloridos vendidos no mundo na época.

Há muitos outros exemplos. Em seu tempo livre, Lans desenvolveu uma cabine de avião diferente. "Aquilo parece uma loja de relógios", disse ele, referindo-se ao painel de instrumentos que os pilotos de avião tinham de usar. Então, ele reuniu todas as informações essenciais numa única tela fácil de ver. Numa etapa anterior de sua carreira, ele precisava de uma prancheta eletrônica cara para trabalhar, mas não tinha condições de comprá-la. Em vez de comprar o equipamento grande e pesado, decidiu criar um lápis de desenho menor e mais eficiente ligado ao computador. Sua invenção se tornou, com efeito, o primeiro mouse com o qual uma pessoa podia desenhar curvas, o que foi um grande aprimoramento para o mouse original de Douglas Engelbert (vendido mais tarde à Texas Instruments). Ao longo dos anos, Lans desenvolveu computadores, transmissores acústicos subaquáticos, modens de criptografia, geradores de pulsação – a lista parece interminável. Ele construiu o próprio avião só por diversão. Mais tarde, este se tornou o primeiro avião a testar seu revolucionário sistema de navegação.

Lans nunca se viu como um pesquisador comum. "Eu pego as peças do quebra-cabeça que os cientistas básicos descobrem e as reúno", diz ele. Esse quebra-cabeça gera uma grande quantidade de idéias. Então, Lans escolhe as oportunidades que acredita que têm mais chances de fazer sucesso e tenta fazê-las acontecer.

De maneira alguma Håkan Lans é um sujeito comum. Ele desenvolveu e introduziu com sucesso várias invenções que mudaram o mundo, e tem uma incomparável obsessão por combinar tecnologias diversas para produzir novas aplicações. Mas Lans tem algo em comum com cada pessoa ou equipe que inova na Interseção. Ele produz um número incrível de idéias e, incansavelmente, procura a melhor delas. E é este seu segredo.

Por que os inovadores são produtivos

A EXPLICAÇÃO TRADICIONAL sobre por que os inovadores bem-sucedidos produzem muitas idéias é que eles ficam presos num "ciclo virtuoso" em que êxitos passados alimentam futuras oportunidades e sucessos.[7] Por exemplo, se uma equipe de empreendedores teve sucesso numa idéia intersecional uma vez, os investidores estarão mais dispostos a financiar sua próxima aventura. O mesmo argumento seria válido para cientistas e artistas. Um pesquisador bem-sucedido que produziu uma tese de doutorado excepcional poderá ser contratado por uma instituição de prestígio, com bons mentores e uma rede forte para financiar suas pesquisas. Tudo isso leva a um ciclo reforçado por uma produção cada vez maior de artigos científicos e idéias. Essa explicação faz sentido. E pode muito bem ser válida para as inovações direcionais. Mas ela ignora duas verdades fundamentais sobre a inovação intersecional.

Primeiro, ela não leva em conta que o processo criativo é aleatório. O processo aleatório sugeriria que nem sempre são os sucessos passados que levam alguém a futuros sucessos inovadores, e sim que tanto o sucesso inovador passado quanto o futuro são, mais do que qualquer coisa, uma questão de sorte.

Segundo, essa explicação ignora o fato de que inovadores revolucionários também produzem um monte de idéias que nunca levam a nada. Hoje, executamos apenas 35 por cento das composições de Mozart, Bach ou Beethoven; vemos apenas parte das obras de Picasso; e a maioria dos artigos científicos de Einstein não foi referência para ninguém.[8] Muitos dos escritores mais celebrados do mundo também produziram livros horríveis, diretores de cinema inovadores fizeram filmes fracassados nada criativos, empreendedores muito bem-sucedidos desapontaram investidores e cientistas pioneiros publicaram trabalhos que não tiveram impacto algum em seus colegas. Considere Charles Darwin. Depois de propor a revolucionária teoria da evolução, ele desenvolveu a completamente equivocada teoria da pangênese, que sugeria que traços adquiridos, como músculos mais fortes, podiam ser transmitidos aos filhos. Ou observe Sabeer Bathia. Ele fundou o serviço de e-mail Hotmail, que se tornou um sucesso por causa de um mecanismo de marketing novo – um link de registro enviado automaticamente a cada e-mail. Sua aventura seguinte, o Arzoo, um mercado de serviços on-line, incorporou o que Bathia achou que eram várias idéias inovadoras – mas a empresa enfraqueceu.[9] Claramente, uma grande inovação não garante outra.

Então, o que está acontecendo? Por que os inovadores bem-sucedidos são esses produtores em massa? Em seu influente livro *Origins of Genius*, o psicólogo Dean Simonton, da University of California-Davis, explica por que vemos essa relação entre produção e sucesso. Ele diz que os inovadores não produzem porque são bem-sucedidos, e sim que eles são bem-sucedidos porque produzem. A quantidade de idéias leva à qualidade de idéias.

Há certa lógica nesse argumento, baseada parcialmente na natureza aleatória da criatividade. Como as idéias intersecionais resultam de combinações aleatórias de conceitos, conclui-se que, quanto mais combinações aleatórias uma pessoa fizer, maiores serão as chances de ela chegar a algo realmente excepcional. Até aí tudo bem, mas Simonton foi além de argumentos meramente lógicos. Ele queria ver se a teoria sobreviveria à investigação, se ela realmente descrevia o que acontece no mundo real.

Simonton concentrou seus estudos na relação entre qualidade e quantidade na produção criativa de cientistas. Quando um cientista publica um artigo, a maneira mais confiável de medir a qualidade desse artigo é pelo número de cientistas que se referem a ele. Se muitos outros cientistas se referem a um artigo em particular, é provável que ele tenha tido um impacto notável, e talvez até tenha lançado um novo campo. A grande maioria dos artigos científicos recebe muito poucas citações, como são chamadas as referências, enquanto poucos artigos – aqueles que são revolucionários – recebem hordas de citações.

Simonton verificou que a relação entre quantidade e qualidade de fato existe. O número de artigos que um cientista publica, por exemplo, tem uma correlação com o número de citações que ele recebe por seus três principais artigos. Em outras palavras, a melhor maneira de verificar quem escreveu artigos revolucionários é verificar quem publicou mais. Você pode testar isso de uma centena de maneiras diferentes, mas os resultados são os mesmos. A extensão da bibliografia de um cientista no século XIX prenuncia o quanto ele é famoso hoje. A melhor maneira de prever quem receberá honras, como o Prêmio Nobel, é o número de artigos publicados por essa pessoa. Na verdade, a melhor maneira de prever que uma proposta de subvenção será aprovada é o total de propostas de subvenção redigidas.[10]

Simonton fez então algo bastante intrigante. Ele examinou as carreiras de cientistas individualmente. Se a teoria do ciclo virtuoso fosse verdadeira, você esperaria ver um aumento da qualidade dos artigos depois da publicação de um artigo bem-sucedido. Mas você não vê isso. Cientistas produziram artigos revolucionários em momentos aleatórios de suas carreiras, mas tiveram a melhor chance de escrevê-los quando publicaram muitos artigos. A melhor maneira de prever quando os cientistas produzirão seus melhores artigos, suas contribuições mais excepcionais, é na verdade verificando quando eles produzem a maioria. Incidentalmente, é também quando eles têm a maior chance de escrever seus piores artigos, o que seria o que você esperaria devido à natureza aleatória da criatividade.

Simonton descobriu também que essa relação é válida para artistas. Compositores clássicos, por exemplo, produziram a maioria de suas obras-primas no mesmo período em que produziram a maioria de seus fracassos. Só porque uma pessoa desenvolveu uma idéia revolucionária uma vez não significa necessariamente que ela tenha mais chances de repetir esse feito. Em vez disso, a melhor maneira de conseguir algo contra todos os prognósticos é produzir idéias continuamente. Por isso os inovadores são tão produtivos.

A explosão na Interseção

A IMPLICAÇÃO MAIS FASCINANTE da pesquisa de Simonton, porém, é como ela explica de maneira harmoniosa o Efeito Medici. Por que a interseção de disciplinas ou culturas é um lugar tão vibrante para a criatividade? Discutimos um motivo nos dois últimos capítulos: ela aumenta as chances de que uma idéia seja boa porque reúne conceitos muito diferentes, de campos muito distintos, como no caso do jogo Magic. Mas há outro motivo, mais forte, para seu poder. Quando você conecta dois campos separados, também inicia um aumento exponencial de combinações de conceitos únicas, uma verdadeira explosão de idéias. Ou, explicando de maneira mais sucinta, se o fato de ser produtivo é a melhor estratégia para inovar, então a Interseção é o melhor lugar para inovar. A história a seguir mostrará a você por quê.

Richard Branson, fundador do bem-sucedido Virgin Group, teve seu momento de sorte em 1971. Devido à força de sua personalidade, há poucas dúvidas de que ele teria feito o Virgin acontecer de um jeito ou de outro. Mas, como acabamos de aprender, você precisa desse momento de sorte. E Branson teve o seu quando encontrou o tímido adolescente hippie Mike Oldfield. Ele tinha algumas estranhas idéias novas sobre música e Branson queria lançar um selo de discos. Quando firmaram uma parceria, o adolescente caminhou para se tornar um dos músicos de maior sucesso na Grã-Bretanha, e Branson, para se tornar um dos mais bem-sucedidos empreendedores da Grã-Bretanha. O disco que catapultou as carreiras de ambos chamava-se *Tubular Bells*.[11]

Quando o disco foi lançado, as vendas foram baixas porque Branson não tinha dinheiro para promovê-lo. Mas isso mudou quando as opiniões começaram a se espalhar. Aproximadamente um ano depois de ser lançado, *Tubular Bells* havia chegado ao topo das paradas no Reino Unido. Manteve essa posição durante incríveis 15 meses consecutivos. Hoje, já vendeu cerca de 16 milhões de cópias no mundo e *ainda* vende cerca de cem mil cópias por ano.[12]

Esse feito parece ainda mais espetacular quando você considera que *Tubular Bells* era diferente de qualquer outro disco que o precedeu. Era uma estranha mistura de rock e música clássica. A combinação desses campos era grande; definitivamente, não era uma banda de rock tocando música clássica, nem uma orquestra sinfônica tocando música pop. Não. *Tubular Bells* ficava exatamente na interseção dos dois campos, combinando elementos que podiam ser encontrados nos dois domínios. Mas o que exatamente acontece numa interseção como essa?

Digamos que você é um músico de rock em 1973, quando Oldfield lançou *Tubular Bells*, e digamos que você está tentando fazer um novo tipo de música. Uma maneira de enfrentar esse desafio seria separar os componentes que realmente constituem uma canção de rock e verificar diferentes maneiras de combiná-los. Embora haja muitas variações e conceitos, para efeito desse exemplo vamos verificar três grandes grupos de conceitos que definem o rock: instrumentos, estruturas e vocais.

Instrumentos. No início, o rock era uma música bastante rígida em termos de instrumentos usados. Geralmente, as bandas consistiam em guitarra, bateria e baixo. De vez em quando, outros instrumentos eram incluídos, tais como saxofone e piano, mas a banda típica era bem simples. Digamos que um compositor de rock mediano usava quatro combinações de instrumentos.

Estruturas. O rock também era bastante limitado em sua estrutura. O número de acordes usados em canções tendia a ser bastante pequeno. Além do mais, quase todas as canções consistiam em dois ou três conjuntos de versos com um refrão entre eles. Digamos que o músico de rock podia escolher entre 12 estruturas diferentes.

Vocais. Em contraste, o rock empregava vários conceitos de voz. As vozes podiam ser abafadas, ásperas, fortes, fracas, suaves, emocionadas, e por aí em diante. Não era necessário sequer que as pessoas soubessem cantar para serem consideradas músicos de rock. Bob Dylan não tinha a menor noção, mas isso não o impediu de se tornar um dos maiores artistas de todos os tempos. Digamos que um músico de rock tinha cinqüenta conceitos de voz para trabalhar.

Então, quantas combinações um músico de rock mediano poderia gerar com base nessas variações? Quantas vezes ele poderia combinar instrumentos diferentes, com estruturas diferentes, e vocais diferentes antes de esgotar as combinações? Multiplicando simplesmente as variações em cada grupo, verificamos que um músico de rock neste exemplo tem 4 x 12 x 50, ou 2.400 combinações para trabalhar quando está compondo uma música nova. Não necessariamente o músico tentaria intensamente combinar essas áreas de música (embora isso possa ser uma boa idéia quando você vai caçar a interseção), mas elas são, subconscientemente, parte do processo de gerar novas idéias para músicas.

Agora vamos trocar de marcha e verificar os compositores clássicos. Eles têm uma série de escolhas disponíveis muito diferente.

Instrumentos. Os compositores clássicos podem escolher uma ampla variedade de instrumentos. As sinfonias podem incluir, por exemplo, violinos, trompas, flautas, harpas, gongos e tambores, entre muitos outros. Digamos que um compositor clássico tem trinta instrumentos para escolher.

Estruturas. Os compositores clássicos se permitem uma variação no número de estruturas muito maior do que os músicos de rock. A música tende a fluir e não a depender de seqüências repetidas. As composições também podem variar muito em extensão, sendo que algumas chegam a durar mais de trinta minutos. Digamos, para efeito desse exemplo, que um compositor de música clássica pode escolher entre quarenta estruturas.

Vocais. A música clássica tem poucos vocais. Estritamente falando, os vocais simplesmente não são incluídos numa sinfonia. Em outras composições, eles tendem a ser incluídos na forma de coro. Digamos que o compositor clássico tem duas escolhas.

Se calcularmos as variações assim como fizemos com o músico de rock, descobriremos que um compositor clássico pode escolher entre um total de 30 x 40 x 2, ou 2.400 combinações de conceitos ao tentar compor uma música nova. É claro que o número verdadeiro é maior, mas em linhas gerais esse exemplo permanece fiel às diferenças entre rock e música clássica.

Agora chegamos ao ponto crucial desse exercício. Se uma pessoa conhece tanto rock quanto música clássica, mas os vê como campos separados, pode escolher entre 2.400 combinações em cada um dos gêneros ao procurar novas idéias musicais. Mas o que acontece se essa pessoa conseguir romper as barreiras associativas entre os dois campos? O que acontece se essa pessoa entrar na interseção dos dois campos, assim como Mike Oldfield fez em *Tubular Bells*? Parece que o número de combinações de conceitos disponíveis aumenta drasticamente, uma vez que agora é possível misturar e combinar livremente idéias dos dois domínios. E de fato aumenta. Na verdade, o número aumenta exponencialmente (veja a Figura 7-1). Essa pessoa tem 2.400 x 2.400 combinações de conceitos disponíveis. Isso é igual a quase *seis milhões* de novas idéias – 5.760.000, para ser exato.

FIGURA 7-1

O Efeito Medici: Um aumento exponencial de combinações de conceitos

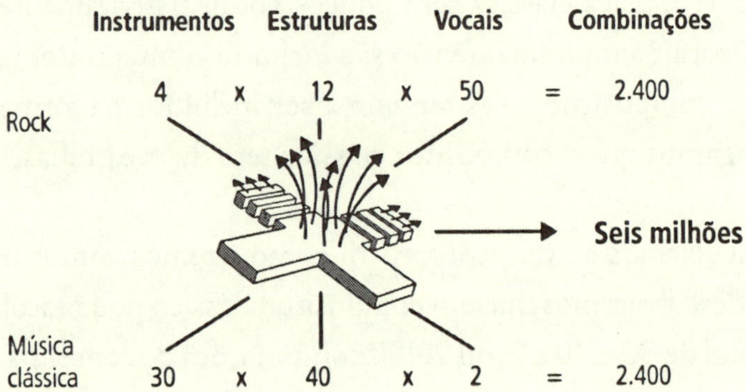

Se esse número parece incrivelmente alto, é porque ele é mesmo. É isso que eu quero dizer quando falo sobre o poder da Interseção. Isso é o coração do Efeito Medici. Ao romper barreiras associativas e entrar na interseção entre campos, o número de combinações de idéias disponíveis aumenta mais do que qualquer coisa que possamos alcançar numa única área.

Isso explica, então, por que equipes diversas podem ser mais criativas do que grupos homogêneos. Isso explica por que ocupações diversas podem aumentar nossa produção de idéias excepcionais. A interseção de campos não apenas fornece o ambiente perfeito para idéias completamente diferentes se unirem, como permite que muitas idéias diferentes façam isso.

Vivendo com a explosão

Mike Oldfield vive na Interseção e a respira, o que explica sua inesgotável produção de músicas novas e interessantes. A guitarra era e continua sendo seu principal instrumento, mas Oldfield tocou mais de vinte instrumentos em *Tubular Bells*. Usou pouco os vocais, exceto numa faixa chamada "piltman song", que Oldfield gravou depois de ter bebido meia garrafa de uísque. Os vocais se tornaram, porém, cada vez mais importantes em discos posteriores.

David Bedford, um amigo de Mike Oldfield que adaptou *Tubular Bells* para orquestra sinfônica, comentou alguns anos depois de o disco ter sido lançado: "Ele sobressai na cena do rock porque é o único que usa uma espécie de construção lógica em suas composições, e elas têm um toque semiclássico. E ele provavelmente sobressai numa situação de concerto clássico por ter um toque de rock, porque toda a sua experiência é rock, e isso tinge tudo o que ele faz."[13]

A interseção de rock e música clássica (e mais tarde *folk music* e música eletrônica) forneceu a Oldfield mais combinações do que ele poderia usar em toda a sua vida. Assim como as criações culinárias de Marcus Samuelsson às vezes desafiam as expectativas, as combinações de Mike Oldfield podem parecer impossíveis. Por exemplo, numa faixa de *Ommadawn*, considerado um de seus melhores discos, ele toca *bouzouki** elétrico, gaita-de-foles e guitarra. Em outra faixa desse álbum, ele sobrepõe o som da guitarra elétrica 64 vezes. Isso tem o mesmo efeito de 64 guitarristas tocando simultaneamente a mesma composição, e indica como um compositor clássico trataria a mesma faixa. As combinações funcionam, e funcionam bem.

---

*Instrumento de cordas grego semelhante ao bandolim. (*N. do T.*)

Então, a explosão de idéias na Interseção é o que torna *possível* aos inovadores produzir tantas idéias extraordinárias. Dá a eles uma incrível vantagem. Oldfield, por exemplo, tem mantido o passo e havia lançado mais de 25 discos até a virada do milênio, sem qualquer sinal de que iria parar. Alguns deles foram fracassos retumbantes, outros, venderam milhões.[14] Todos eles foram parte da explosão.

CAPÍTULO **oito**

Como captar a explosão

MACGYVER E BATATAS FRITAS

LINUS PAULING, ganhador do Prêmio Nobel de Química e da Paz, disse certa vez: "A melhor maneira de ter uma boa idéia é ter muitas idéias." Como mostra o capítulo anterior, a explosão de combinações de conceitos na Interseção libera um número maciço de idéias potencialmente revolucionárias. Isso, porém, não é um processo automático. Só porque você potencialmente *pode* acessar todas essas idéias não significa que você *vai* acessá-las. Como, então, você pode aproveitar as inúmeras oportunidades na Interseção? Existem pelo menos três maneiras de fazer isso:

- Atinja um equilíbrio entre profundidade e extensão
- Gere ativamente muitas idéias
- Dê tempo para a avaliação

Atinja um equilíbrio entre profundidade e extensão

O INTERESSANTE NA matemática da Interseção é que, mesmo que você saiba apenas uma fração dos conceitos, seja de rock ou música clássica (para usar o exemplo do capítulo anterior), você ainda está em posição de vantagem. Se você multiplicar 2.400 por 600, por exemplo, conseguirá 1.440.000 combinações, um número bastante respeitável. Embora encorajador, isso também parece um pouco estranho. Se forçarmos a idéia da explosão até seu extremo, parece muito melhor saber um pouco sobre centenas de campos do que saber muito sobre apenas um campo. Por exemplo, se você soubesse, digamos, cem conceitos de cinqüenta campos e tivesse a capacidade de associar livremente todos eles, teoricamente, você poderia acessar mais combinações de conceitos do que o número de átomos no universo. Ninguém é tão inovador assim, nem mesmo Håkan Lans.

O motivo pelo qual o mundo não funciona dessa maneira é porque precisamos atingir um equilíbrio entre a profundidade e a extensão de nosso conhecimento para maximizar nosso potencial criativo. Como verificamos, excesso de especialização é algo que pode fortalecer as barreiras associativas entre os campos. Ao mesmo tempo, a especialização é claramente necessária, em primeiro lugar, para desenvolver novas idéias. Não seria inteligente tentar mudar o campo do rock se você não conseguisse sequer tocar uma canção, e seria realmente difícil uma empresa de biotecnologia inovar o desenvolvimento de remédios sem saber um pouco de biologia. Então, quanta especialização é preciso para produzir a explosão perfeita?

Uma maneira de lidar com a necessidade de conhecimento amplo mas profundo é associar-se a alguém que tem uma base de conhecimento diferente da sua. Como vimos no Capítulo 6, equipes com membros de campos diferentes têm mais chances de encontrar interseções, supondo que elas podem romper as barreiras entre os campos. Na verdade, esta pode ser a estratégia mais comum para gerar novas idéias. Mas como isso funciona para os indivíduos? Onde está o equilíbrio de conhecimento para alguém como Mike Oldfield? O quanto uma pessoa precisa entender os conceitos de um campo em particular para combiná-los efetivamente com outros?

As pessoas que encontrei fornecem algumas pistas. A maioria obteve conhecimento numa área específica antes de atingir outros campos. Não estou falando aqui de ser o maior especialista do mundo, mas de saber o suficiente para ser chamado de competente. Mijail Serruya, do Programa de Ciência do Cérebro da Brown University, diz que não importa o quanto as pessoas o conheçam, ele pode "pelo menos lecionar um curso de neurologia para o segundo ano". Orit Gadiesh enfatiza que, embora os consultores da Bain possam mudar de prática, a maioria ainda mantém uma área de especialização. A paixão de Mike Oldfield pela guitarra irradia em praticamente todos os seus discos, e Marcus Samuelsson iniciou sua carreira preparando pratos suecos tradicionais. Embora possa não ser absolutamente necessário concentrar-se inicialmente em uma área para alcançar inovações intersecionais, isso pode ajudar muito. Eis por quê.

A pessoa que compreende muitos campos e é capaz de romper barreiras entre todos eles tem, de fato, acesso a um número incrível de combinações de conceitos. Mas essa pessoa enfrenta um grande problema. Ela teria muito mais dificuldade para entender simplesmente *como* fazer uma idéia intersecional acontecer se *pudesse* acontecer. Uma coisa é dizer que uma pessoa pode combinar rock com música clássica. Outra coisa é realmente conseguir fazer isso.

Gere ativamente muitas idéias

Uma vez que você tenha entrado na Interseção, precisa ter tantas idéias incomuns quanto possível. Infelizmente, esse comportamento não ocorre instintivamente. Considere o seguinte exercício:

> *Um fabricante de tijolos está sofrendo uma acentuada queda nas vendas. Está procurando usos diferentes para os tijolos, de modo a melhorar seus esforços de marketing. Você é chamado para ajudá-lo. Pare um pouco para pensar nesse problema e anote todas as soluções que lhe vierem à mente.*

Como você se saiu? Se você é como a maioria das pessoas, anotou de três a seis soluções, tais como usar tijolos para fazer uma parede, uma casa, uma chaminé ou uma calçada. Muito possivelmente você teve alguns problemas para escapar das utilidades tradicionais dos tijolos. Talvez até tenha tido algumas idéias que não escreveu por não tê-las considerado úteis e, portanto, esperou até que uma idéia "realmente boa" surgisse. Este exercício é extraído do livro *Conceptual Blockbusting*, de James Adams, e evidencia um dilema muito comum quando se tenta pensar em soluções alternativas para um problema: nossa inerente hesitação em gerar múltiplas idéias.[1]

O engraçado é que, freqüentemente, fazemos uma abordagem "em grupo" para certas tarefas da vida. Quando vamos fritar batatas, nós as descascamos e depois cozinhamos todas ao mesmo tempo. Não descascamos e cozinhamos uma por uma, porque obviamente seria um completo desperdício de tempo e energia. Mas freqüentemente desenvolvemos idéias dessa maneira. Se temos uma idéia que parece promissora, tendemos a nos aprofundar cada vez mais nela até que funcione, ou não. Quando não funciona, começamos novamente com outra idéia boa. Mas esta não é a melhor maneira de usar nosso tempo ou nossa energia criativa. Para maximizar o poder da Interseção, devemos gerar muitas idéias antes de avaliar cada uma delas. Pare alguns minutos para pensar na segunda parte do exercício:

Pegue uma folha de papel em branco e relacione pelo menos trinta utilidades de tijolos.

O que aconteceu desta vez? Provavelmente você relacionou muito mais possibilidades de uso de tijolos do que na primeira parte do exercício. Compare sua lista recente com a anterior. A segunda lista contém idéias interessantes que não estão na primeira? Uma das melhores maneiras de gerar uma ótima idéia reservadamente é estabelecer um número de idéias que você deseja gerar antes de começar a considerar se elas são boas. O objetivo é forçá-lo a pensar bem além das idéias comuns que vêm à mente. J. P. Guilford, que conduziu alguns dos testes de associação discutidos no Capítulo 3, provou que as primeiras idéias que você tem são as comuns, as não-criativas, como usar tijolos para construir uma parede.[2] As últimas idéias que você têm, no entanto, tendem a ser mais criativas. A essa altura, os tijolos se tornam um pé de mesa ou um lastro de barco.

Quando você estiver tentando gerar idéias melhores, mesmo que seja para resolver um problema bastante simples, sente-se e faça uma verdadeira seção de brainstorming.* Isso pode ser feito não apenas bem no início de um projeto, mas em qualquer momento em que você precise de pensamentos novos. Afinal de contas, para inovar, você precisa testar muitas idéias. Mike Oldfield, por exemplo, fez 2.300

*Literalmente, "tempestade de idéias". Método em que pessoas se juntam para gerar espontaneamente idéias criativas. (*N. do T.*)

gravações de *Tubular Bells*.[3] Thomas Edison fez mais de nove mil experiências para desenvolver a lâmpada elétrica e mais de cinqüenta mil experiências para desenvolver a célula de combustível armazenado. Na verdade, Edison impôs a si mesmo uma cota de novas idéias a serem geradas. Ele tinha de pensar numa pequena invenção a cada dez dias e numa grande invenção a cada seis meses.[4]

Quando você concluir esse processo, examine suas idéias e avalie-as sozinho ou com outras pessoas; em seguida, trabalhe naquelas que pareçam promissoras. Depois, guarde a lista. Pode ser que você queira voltar a ela, uma vez que muitas daquelas idéias poderão ser úteis no futuro.

AS QUESTÕES EM TORNO DO BRAINSTORMING

Como sabemos, o brainstorming é uma das ferramentas mais comuns para gerar idéias. Tom Kelley, ex-gerente e irmão do fundador da Ideo, empresa de design com sede em San Jose, conhecida por suas inovações, considera o brainstorming essencial. A empresa idealizou e criou o mouse da Apple; a câmera de fotos instantâneas I-Zone, da Polaroid; a garrafa d'água que se fecha sozinha; o Palm V; e muitos outros produtos e serviços revolucionários. Em seu livro *The Art of Innovation*, Kelley considera o brainstorming um dos componentes mais cruciais para o sucesso da Ideo: "O brainstorming é o motor de idéias da cultura da Ideo. É uma oportunidade de as equipes 'viajarem' em idéias no início de um projeto ou de resolverem problemas difíceis que apareceram depois (...) A animação de um bom componente do grupo pode contagiar a equipe com otimismo e um senso de oportunidade que podem se manter nas fases mais difíceis e de maior pressão de um projeto."[5]

Nada disso deveria surpreender ninguém. O brainstorming é o método mais usado por grupos para gerar um grande número de idéias sobre qualquer tema. Em seu influente livro de 1957, *Applied Imagination,* Alex Osborn sugeria o brainstorming como método para grupos que estavam resolvendo problemas.[6] De acordo com Osborn, o brainstorming aumentaria muito a quantidade e a qualidade das idéias geradas pelo grupo. As regras do brainstorming eram fáceis. O grupo deveria:

1. Produzir tantas idéias quanto possível.
2. Produzir idéias tão loucas quanto possível.
3. Trabalhar nas idéias uns dos outros.
4. Evitar julgar as idéias.

Desde então, o brainstorming tem sido usado em quase todas as grandes empresas, instituições sem fins lucrativos e organizações governamentais do mundo. E as razões parecem óbvias. Referindo-se ao brainstorming, Osborn escreveu: "Uma pessoa mediana pode pensar em duas vezes mais idéias quando está trabalhando com um grupo do que quando está trabalhando sozinha." Com essas chances, não é surpresa que o método esteja se espalhando bastante. Mas isso é verdade?

O primeiro estudo para testar a alegação de Osborn foi feito em 1958, apenas um ano depois da publicação de seu livro. Psicólogos deixaram grupos de quatro pessoas pensando em idéias sobre os benefícios práticos ou as dificuldades que surgiriam se uma pessoa tivesse um dedo polegar a mais em cada mão. Esses grupos foram chamados de "grupos verdadeiros", uma vez que realmente pensavam com seus componentes reunidos. Em seguida, os pesquisadores deixaram "grupos virtuais" de quatro pessoas gerar idéias em torno do "problema do dedo", mas seus integrantes tiveram de pensar individualmente, em salas separadas. Os pesquisadores combinaram as respostas que recebiam de cada indivíduo e eliminaram a redundância contando as idéias que haviam sido sugeridas muitas vezes como apenas uma idéia. Em seguida, compararam os desempenhos dos grupos verdadeiros e virtuais.

Os resultados não foram os que você esperaria. Surpresos, os pesquisadores descobriram que os grupos virtuais – nos quais as pessoas pensavam individualmente – geraram quase duas vezes mais idéias do que os grupos verdadeiros. Esse resultado, como se constatou, não era uma anomalia. Num famoso estudo de 1987, os pesquisadores Michael Diehl e Wolfgang Stroebe, da Universidade de Tubingen, na Alemanha, concluíram que os grupos de brainstorming *nunca* haviam tido desempenhos melhores que os dos grupos virtuais.[7] Em 25 experiências relatadas por psicólogos de todo o mundo, os grupos verdadeiros nunca haviam demonstrado serem mais produtivos que os grupos virtuais. Na verdade, os grupos verdadeiros que fazem brainstorming geram, *regularmente*, mais ou menos a *metade* do número de idéias que teriam produzido se seus integrantes tivessem examinado o problema sozinhos. Além disso, nos estudos em que a qualidade das idéias foi avaliada, os pesquisadores descobriram que o número total de idéias boas era muito maior nos grupos virtuais do que nos grupos verdadeiros.

Esses resultados confundem. Estamos acostumados a pensar que o brainstorming aumenta a capacidade criativa de uma equipe; afinal de contas, é por isso que o usamos. Em geral, porém, as pesquisas insistem que é difícil o método dar certo. Tom Kelley sugere também que talvez haja mais coisas no brainstorming do que simplesmente seguir as quatro regras originais. "O problema com o brainstorming é que todo mundo acha que o está aplicando", diz ele.

"O brainstorming é praticamente uma religião na Ideo, que praticamos todos os dias. Embora seja uma prática freqüentemente divertida, o brainstorming como ferramenta – como uma *habilidade* – é levado bastante a sério."

Diehl e Stroebe se dispuseram a entender por que o brainstorming era uma metodologia tão imprevisível. Eles organizaram três experiências para testar três teorias distintas, numa tentativa de isolar o fator mais crucial para esse efeito contrário. A primeira teoria se referia ao "fenômeno do aproveitador", em que alguns participantes de um grupo relaxam e dependem dos outros para que novas idéias surjam, já que no fim das contas as contribuições seriam anônimas. A segunda teoria era a da "apreensão com a avaliação", que sugeria que alguns membros do grupo evitavam manifestar idéias loucas ou originais por temerem como os outros membros os julgariam privadamente. Esses dois efeitos pareciam desempenhar o mesmo papel, mas não eram muito significativos. Em vez disso, era um fenômeno chamado "bloqueio" o responsável pela grande diferença entre o brainstorming em grupo e o individual.

Num grupo de brainstorming, apenas uma pessoa pode falar de cada vez, embora não necessariamente numa ordem específica. Se todos falassem ao mesmo tempo, ninguém ouviria o que os outros estavam dizendo. Mas isso representa um grande problema para nós, seres humanos. Nossa memória a curto prazo não é capaz de desenvolver idéias novas e, ao mesmo tempo, manter as antigas ativamente armazenadas. Se somos impedidos de relatar nossas idéias porque temos de esperar outra pessoa descrever as suas, podemos esquecer todas elas. Isso faz uma grande diferença em nossa produtividade, uma vez que simplesmente não podemos expressar uma idéia quando pensamos nela; temos de esperar o companheiro terminar de apresentar sua idéia. E, quando temos a chance de descrever uma idéia, pode ser que venhamos a fazer apenas um ou dois comentários antes de outra pessoa interromper. Essa explicação também sustenta a descoberta geral de que, quanto maior o grupo de brainstorming, *menos* idéias são produzidas, em comparação com o número de idéias gerado por um grupo virtual do mesmo tamanho.

CONSERTANDO O BRAINSTORMING

Então, devemos parar de fazer brainstorming? Não, eu acho que não. Se for feito da maneira *certa*, o brainstorming é uma maneira altamente eficaz de gerar idéias intersecionais. Pesquisas sugerem que algumas mudanças pequenas, mas muito significativas, no brainstorming comum aumentam muito sua eficácia.

Primeiro, antes de o grupo se reunir, separe 15 ou 20 minutos para seus membros fazerem brainstorming individualmente. Assim, eles não precisam temer esquecer suas idéias originais quando a fase do brainstorming em grupo começar. Isso também força o mediador a desenvolver uma explanação do problema bem formulada, o que tem demonstrado tornar o brainstorming mais eficaz. Depois, reúna os membros e inicie a sessão em grupo. Não deixe as pessoas apenas lerem suas listas de idéias. (Isso vai reprimir os impulsos e dificultar que as pessoas trabalhem as idéias umas das outras.) Em vez disso, mantenha todos envolvidos, e mantenha o ritmo e a ação acelerados. Quando você terminar, as idéias combinadas de todos os indivíduos devem estar no quadro, e a maioria delas deve ter sido discutida.[8]

Os resultados da pesquisa de Diehl e Stroebe sugerem ainda outra maneira de afastar os problemas do brainstorming tradicional – uma técnica chamada *brainwriting*. No *brainwriting*, as pessoas geram, simultaneamente, idéias escritas sobre o mesmo problema, trabalhando sobre as idéias umas das outras sem falar. Eis como se faz:[9] todos se sentam à mesa juntos, cada um com uma folha de papel em branco. Outra folha de papel em branco está no meio da mesa, ao alcance de todos. O problema básico a ser resolvido ou examinado foi claramente descrito ou escrito. No início da sessão, cada um escreve (ou esboça) uma idéia na folha de papel à sua frente, põe a folha no centro da mesa e, em seguida, apanha uma folha colocada ali por outro. A pessoa lê a idéia escrita na folha e tenta trabalhar sobre ela de alguma maneira. Podendo ou não trabalhar diretamente sobre aquela idéia, a pessoa escreve outra idéia, põe a folha no centro da mesa e continua. Cada vez que uma pessoa apanhar uma folha no centro da mesa, ela lerá as idéias anteriores, tentando fazer conexões e produzir centelhas de novas idéias. Esse método também pode ser usado com sucesso num ambiente virtual on-line em que as pessoas comentem e trabalhem sobre as idéias uma das outras, continuamente.

Dê tempo para a avaliação

HÁ UM EPISÓDIO de *MacGyver*, uma série de TV popular nos anos 1980, que acontece mais ou menos assim: o herói, MacGyver, tem de salvar dois cientistas presos num laboratório de segurança máxima subterrâneo, enquanto um vazamento de ácido ameaça todo o sistema de água do Novo México. Embora esteja sendo bastante pressionado pela falta de tempo e de recursos, ele resolve o problema com uma esperteza incrível. Por exemplo, para erguer uma viga de aço, ele dá um nó numa mangueira de combate a incêndio e produz uma pressão de água forte o suficiente para afastar a viga de aço de seu caminho. Minutos depois, consegue interromper o vazamento de ácido tampando as fendas com barras de chocolate. (Acredite!)

Na verdade, todos os episódios de *MacGyver* apresentavam desafios semelhantes à criatividade a serem vencidos no último minuto – ou no último segundo.[10] E serviam para ilustrar uma crença comum entre executivos e outros de que geramos nossas melhores idéias quando o tempo é pequeno e os prazos estão se esgotando. Supostamente, fazemos nosso trabalho mais criativo quando estamos cheios de adrenalina e cafeína, mas com poucos recursos – particularmente tempo. Mas *MacGyver* representa o mundo real?

Em uma das tentativas mais abrangentes e ambiciosas já feitas de compreender a criatividade em ação, Teresa Amabile, professora da Harvard Business School e importante pesquisadora de criatividade, mostrou que essa percepção é um mito. No estudo, Amabile e seus colegas acompanharam 177 funcionários de sete empresas, que formavam 22 equipes de projetos, durante toda a duração de seus projetos, em alguns casos por até seis meses.[11] Essas equipes não eram como qualquer outra; eram consideradas as "fontes criativas" de suas organizações. Diariamente, os pesquisadores enviavam aos integrantes das equipes, por e-mail, um questionário perguntando sobre o projeto e como se sentiam em relação a ele. Com mais de nove mil respostas, os pesquisadores puderam então analisar os dados em busca de tendências.

O que eles descobriram era fascinante. Descobriram que as pessoas não apenas são menos criativas quando estão sob forte pressão do tempo, como acreditam que são *mais* criativas durante esses períodos. Além disso, descobriram que a criatividade diminuía não apenas no dia em que o estresse causado pela falta de tempo era intenso, mas também no dia seguinte, e no dia depois deste, *e no dia depois deste.*

Em poucos casos a pressão do tempo inspirou a criatividade de algumas pessoas. Especificamente, a pessoa tinha de estar completamente concentrada no projeto, não ter distrações causadas por reuniões ou memorandos e trabalhar com apenas um ou dois colaboradores; além disso, a pressão do tempo devia ser real. Situações desse tipo eram, porém, extremamente raras nas empresas estudadas. Às vezes, as equipes eram colocadas sob limites de tempo artificiais, mas isso freqüentemente não funcionava. Amabile escreve: "O gerenciamento põe as equipes permanentemente sob prazos severos e aparentemente arbitrários, e sob restrições de recursos. De início, muitos membros de equipes foram energizados pela atmosfera de combate a incêndio. Eles se atiraram no trabalho e se uniram. Mas, depois de alguns meses, seu entusiasmo havia diminuído... porque as pressões haviam se mostrado sem sentido."[12]

Na verdade, se você quer captar idéias intersecionais, sua melhor aposta pode ser fazer isso com calma. Há pelo menos duas razões para isso. Primeiro, é crucial adiar o julgamento de novas idéias. Nossa mente julgará rapidamente o valor de uma percepção intersecional comparando-a com o que se sabe que funciona em um campo estabelecido. Mas esses campos não são bons orientadores para a avaliação de idéias que resultam de combinações de conceitos aleatórias e incomuns. Em vez disso, as idéias intersecionais precisam ser avaliadas de uma perspectiva diferente, que não ocorra instintivamente. Portanto, é melhor você esperar para julgar suas percepções quando tiver algum tempo para pensar nelas a fundo.

Pense em Håkan Lans. Ele considerou uma idéia mais geral durante mais de um ano antes de ter a percepção revolucionária que o levou a seu sistema de navegação. E se tivesse sofrido uma intensa pressão do tempo? Nem sequer teria tirado uns dias de folga para navegar com sua mulher? Lembra-se de Richard Garfield, o criador do Magic? Ele precisou de oito anos para ter a repentina percepção de que podia combinar jogos com itens colecionáveis – e de início não sabia sequer o que aquela percepção significava. Por ser um criador de jogos experiente, Garfield poderia facilmente ter afastado aquele "momento de verdade", considerando-o tolo, e ter continuado, aperfeiçoando diversos aspectos do design de jogos tradicional. Mas não o fez. Em vez disso, brincou com aquela idéia. "Somente um ou dois meses depois consegui extrair o jogo de cartas no qual eu trabalhava há algum tempo (...) e perceber que talvez eu tivesse as raízes de (...) um jogo ali", diz ele.[13]

Ter tempo para julgar percepções únicas pode soar como um conselho muito simples, mas na verdade é bem difícil fazer isso. Nossa mente tende a ordenar as idéias rapidamente e, a não ser que usemos algum tipo de sistema de registro, ela gentilmente vai se livrar dos pensamentos que considerar sem valor. Muitas idéias passaram provavelmente pela sua mente quando você lia este livro, mas de quantas delas você se lembra?

Provavelmente, a melhor garantia contra o prejulgamento de idéias é escrevê-las ou esquematizá-las quando ocorrerem. Isso permitirá voltar àquelas idéias em intervalos freqüentes. Assim, se de repente uma idéia lhe parecer mais atraente, você poderá examiná-la mais detalhadamente. Mantenha um bloco de anotações perto de sua cama, um bloquinho de lembretes ao lado do chuveiro e uma agenda consigo o tempo todo. Fazer anotações no carro é um pouco mais problemático. Entretanto, algumas das melhores idéias nos surgem quando estamos dirigindo sozinhos. Tente usar um gravador. Mais importante do que ter blocos de anotações à mão é realmente usá-los. Acostumar-se a registrar idéias, pensamentos e percepções exige compromisso. Quando você desenvolver esse hábito, porém, vai imaginar como conseguia passar o dia sem isso.

Ter tempo para avaliar novas idéias é importante por outro motivo. No Capítulo 5, falei sobre o período de incubação e como ele leva a descobertas "raio-no-céu". O período de incubação é o tempo entre o momento em que uma pessoa pára de pensar intensamente num problema e o momento em que, de repente, subconscientemente, encontra uma solução. O período de incubação é tão bem documentado em pesquisas sobre criatividade que é simplesmente ruim não planejar incluir um tempo para ele quando se está trabalhando num projeto. Pode ser que trabalhemos mais duramente e mais concentrados sob um prazo apertado, mas quantas vezes você concluiu um projeto, uma tarefa ou qualquer coisa que exigia algum nível de criatividade apenas para ter uma idéia melhor depois de terminar? Ou seja, depois do fim do prazo. O período de incubação sugere que devemos trabalhar arduamente e concentrados num problema ou numa idéia e desenvolvê-los pelo maior tempo possível. Depois, devemos esperar, cuidar de outra coisa e esquecer o problema durante algum tempo. Quando voltarmos ao projeto, alguns dias ou semanas depois, outras idéias, geralmente mais originais, terão surgido.

De idéias à inovação

Até agora nos preocupamos principalmente com as idéias. Vimos por que alguém como Marcus Samuelsson tem relativa facilidade para romper barreiras associativas entre campos não-conectados e como podemos fazer igual. Estudamos em detalhes como o jogo revolucionário Magic foi criado por meio de uma combinação aleatória de conceitos existentes e como podemos realizar essas combinações. Finalmente, os dois capítulos anteriores discutiram por que pessoas inovadoras como Håkan Lans são produtivas, por que a Interseção é o melhor lugar para gerar idéias revolucionárias e como podemos captar essas idéias. A próxima questão é: o que acontece em seguida? Depois que descobrimos essas idéias fascinantes, o que fazemos?

Bem, temos de executar – para concretizarmos essas idéias. Do contrário, nunca inovaremos. Håkan Lans me contou a história que se segue e que, acredito, ilustra perfeitamente o que acontece quando, por vários motivos, não conseguimos transformar idéias em ações.

Ao longo dos anos, tenho sido procurado por um grande número de pessoas que querem me contar sobre uma idéia que tiveram. Estou pensando especificamente em uma pessoa que tem uma boa educação e Ph.D. Geralmente, ela me procura a cada dois anos para falar sobre uma nova idéia incrível que teve, e geralmente a idéia é realmente boa. Ao mesmo tempo, ela lamenta a estupidez do mundo, que simplesmente não enxerga o quanto a idéia é brilhante. Bem, ela me procurou alguns anos atrás e me apresentou uma dessas idéias superbrilhantes, e mais uma vez começou a reclamar de como o mundo ignorava suas percepções. Disse que não precisava de muito dinheiro, talvez cerca de 100 mil dólares, para fazê-la acontecer. E me perguntou se eu sabia de alguém que poderia ajudá-la com um financiamento. Geralmente não me intrometo em projetos de outras pessoas, mas dessa vez abri uma exceção. Procurei algumas pessoas, elas foram bastante assertivas e me disseram que gostariam de encontrá-la.

Seis meses depois, essa pessoa me procurou novamente e me contou sobre outra idéia que tivera. Eu fiquei meio desconcertado e a interrompi.

– Mas... espere aí, o que aconteceu? Não chegaram a procurar você?

– *Ah, sim, entraram em contato comigo – respondeu ela.*

– *Ah... mas, então, você não conseguiu o dinheiro?*

– *Não, não – disse ela. – Consegui praticamente tanto quanto eu queria.*

– *Então, o que aconteceu?*

– *Essa idéia nova é muito melhor.*[14]

A explosão de combinações de conceitos na Interseção pode proporcionar muitas idéias extraordinárias combinadas de maneira única. Entretanto, ter grandes idéias não garante uma inovação. É preciso fazer as idéias acontecerem.

PARTE TRÊS

Fazendo idéias intersecionais acontecerem

CAPÍTULO nove

Execute, apesar dos fracassos

VIOLÊNCIA E PROGRAMA ESCOLAR

ERAM QUASE 3 HORAS DA MADRUGADA, numa noite de janeiro de 1978. Um rapaz com menos de 20 anos acabara de dar entrada na emergência do Brigham and Women's Hospital, em Boston. Ele apertava uma camisa manchada de sangue contra um corte profundo no supercílio. Naquela época, Deborah Prothrow-Stith era apenas uma estudante do terceiro ano do curso de medicina, a meio caminho no treinamento de cirurgia. Naquela noite em particular, sua tarefa era praticar sutura nos pacientes. Enquanto cuidava do rapaz, ele lhe contou o que acontecera: estava em uma festa e foi ofendido por um sujeito que mal conhecia. Uma coisa rapidamente levou a outra e subitamente os dois estavam atracados no meio de um círculo de espectadores. Alguns segundos depois, uma faca riscou o rosto dele. Dois centímetros abaixo e seria o fim do olho dele, que, em vez disso, agora brilhava de fúria. Quando Prothrow-

Stith terminou, o rapaz se voltou para ela e fez uma declaração que ela jamais esqueceria: "Olha só, não vá dormir, porque o cara que me fez isso vai chegar aqui dentro de uma hora e você vai poder praticar seus pontos à vontade!"

E então ele foi embora.

Aquela experiência foi uma revelação para Prothrow-Stith. Levou-a a uma percepção que a projetou diretamente na interseção de dois campos completamente independentes: a prevenção da violência e a assistência médica. O que é fascinante na história dela não é só a idéia que lhe veio naquela manhã de janeiro, mas a forma como conseguiu torná-la realidade. Ela abriu caminho para um campo inteiramente novo, porém repleto de fracassos e pressupostos equivocados. A experiência de Deborah não é uma exceção na realização de idéias intersecionais. Como a qualidade das idéias depende da quantidade, devemos procurar ter muitas idéias. No entanto, isso leva ao paradoxo inevitável de que para ter sucesso na Interseção precisamos de muitos fracassos. A solução desse paradoxo é incorporar os fracassos a nosso plano geral de execução. Em outras palavras, temos de executar, apesar de nossos fracassos. Pergunte a Deborah Prothrow-Stith.[1]

Fracassos e sucesso

Duas décadas e meia depois daquele incidente na emergência, encontrei a Dra. Prothrow-Stith em sua sala, na Harvard School of Public Health. Hoje ela é reitora associada dessa escola e uma estrela entre os que procuram estratégias para prevenção da violência entre jovens. Como tantas pessoas com quem fiz contato para escrever este livro, ela é cheia de decisão e energia. Sua voz é forte e seu jeito, contagiante. Eu me vi sorrindo, preocupando-me e gargalhando com ela, enquanto a ouvia contar o que aconteceu naquela noite, tantos anos atrás.

A PERCEPÇÃO

"Caí no sono logo depois que ele saiu", conta ela, mas teve uma sensação sombria de premonição. Embora o que havia feito pelo paciente fosse correto do ponto de vista médico, parecia que mais violência e ferimentos estavam para acontecer. Contudo, não havia como evitar isso. Não havia um protocolo, nem procedimentos. Na verdade, até se preocupar com isso parecia estranho. Afinal, por que uma médica, ainda mais uma estudante de medicina, iria se preocupar em prevenir a violência? Seu trabalho era costurá-los e despachá-los. A polícia que se encarregasse do resto.

Mas o que teria acontecido se, digamos, o homem tivesse chegado depois de uma tentativa de suicídio ou uma overdose de drogas? Primeiro, teriam lavado seu estômago e o declarado estável do ponto de vista médico, e depois teriam determinado se ele ainda representava um risco para si mesmo. Se naquele momento o paciente tivesse dito: "Bem, não vá dormir porque eu vou para casa tomar mais alguns comprimidos e logo vou estar de volta", isso teria precipitado uma série de intervenções sistemáticas. Os médicos têm inclusive o poder de obrigar um paciente a se internar, se ele for considerado um risco para si mesmo. Quanto mais Prothrow-Stith pensava no assunto, mais percebia que os médicos freqüentemente se envolvem com a prevenção de danos, tentando mudar o comportamento do paciente. Ela e outros médicos tentavam convencer as pessoas a usar cinto de segurança, a comer direito, a praticar atividades físicas, a evitar um comportamento sexual de risco e a se abster de muitas outras atividades perigosas. Mas naquela época eles não faziam nada para prevenir a violência.

No entanto, é claro que a violência *é* uma ameaça à saúde. E das mais óbvias. Mas era uma questão tratada principalmente pelo campo da manutenção da ordem. Os profissionais da área de saúde não tinham nada a ver com ela. Prothrow-Stith nunca soube o que aconteceu a seu paciente aquela noite, mas a experiência lhe abriu os olhos. *Havia* uma interseção entre assistência médica e prevenção da violência. Até então, ninguém havia explorado essa interseção, portanto, ela decidiu tomar a iniciativa.

A EXECUÇÃO

Durante os dois anos seguintes, a Dra. Prothrow-Stith buscou financiamentos, apresentou propostas e desenvolveu planos de ação voltados à prevenção da violência por meio de uma abordagem orientada pela assistência médica. Ela parece ser o tipo de pessoa que elabora cuidadosamente um plano e o executa sem hesitação. É uma pessoa de ação e concentrada. Também é muito articulada e usa esquemas e diagramas para explicar o que está acontecendo. Em um determinado momento, ela abriu seu livro e me mostrou um gráfico: "Veja, isso é o que a polícia tradicional faz bem e isso é o que a saúde pública faz bem", disse, pondo o dedo no ponto da interseção das duas coisas. Em resumo, ela não parece ser o tipo de pessoa que comete muitos erros. "Mas nós cometemos," disse.

As suposições dela pareciam bastante óbvias: os profissionais de saúde interagem rotineiramente com jovens envolvidos em violência.

Portanto, devem estar em excelente posição para ajudar a evitar ferimentos causados pela violência e também para receber bem uma abordagem nesse sentido. Prothrow-Stith concluiu rapidamente que o hospital, ou mesmo a emergência, era um ótimo lugar para dar início a estratégias de prevenção da violência.

As suposições de Prothrow-Stith começaram a desmoronar quase imediatamente. Para a maioria de seus colegas, sua proposta não fazia o menor sentido. Eles achavam que os médicos não tinham papel algum na prevenção da violência. Disseram-lhe "repetidamente que, como a violência não é uma doença, a medicina não pode curá-la". Ela dá boas gargalhadas quando fala sobre aqueles dias. "Eles me diziam coisas como: 'Você está transformando um problema sociológico numa questão médica', 'Não há nada que você possa fazer contra a violência', 'Esse não é seu papel'."

Logo ficou claro que ela não podia contar com o apoio de muitos de seus colegas, como esperava. Como alternativa, buscou outros parceiros. A Igreja se comprometeu a ajudar. A Polícia fez o mesmo. "Quando falamos com os policiais que trabalham nas ruas, aqueles que de fato precisam lidar com os efeitos diários da violência, tivemos uma resposta tremendamente positiva", diz Prothrow-Stith. Eles compreendiam que o trabalho deles era uma reação à violência, mas não necessariamente uma prevenção.

Mas Prothrow-Stith continuou a cometer erros. Algumas dessas falhas iniciais faziam parte de sua curva de aprendizagem. Por exemplo, primeiro ela chamou o projeto de Programa de Boston para Jovens em Alto Risco. O fato é que poucos jovens gostam de pensar em si mesmos como estando em "alto risco". Outros erros foram mais fundamentais. Uma de suas primeiras tentativas de solução foi aplicar ao problema da violência um modelo padrão de serviços médicos. Isso significava trabalhar em cooperação com escolas públicas e outras agências comunitárias para que encaminhassem jovens a serviços de prevenção de violência, em ambientes clínicos. Prothrow-Stith gastou muita energia tentando estimular jovens "em risco" a estabelecer relacionamentos de longo prazo com médicos e profissionais de saúde mental. Mas os adolescentes eram extremamente relutantes em procurar serviços em instalações de assistência médica – principalmente se, antes de qualquer coisa, eles não achassem que tinham um problema. Esses meninos iam a um hospital quando tinham dor ou estavam feridos, mas não para aprender sobre prevenção de violência.

Basicamente, a abordagem de Prothrow-Stith não estava funcionando. Portanto, ela decidiu mudar o foco. Em vez de pedir aos jovens que fossem às clínicas, decidiu ir até eles. Para atingir os estudantes, Prothrow-Stith desenvolveu um curso composto de atos de violência gravados em vídeo (simulados), muitas vezes interpretados pelos próprios estudantes. Como parte dos exercícios, os estudantes escolhiam os momentos que consideravam cruciais para prevenir o embate violento que se seguia. Por exemplo, um ator da escola podia instigar uma luta gritando: "Você vai deixar esse imbecil pisar nos seus pés?" Os estudantes paravam a fita e imediatamente propunham reações menos agressivas.

"Aí, cara, não vale a pena brigar por causa de uma sujeirinha no tênis."

"Pega leve, foi sem querer."

Para você e para mim, essas respostas podem parecer básicas, mas não soam assim para muitos adolescentes. Prothrow-Stith descobriu que para muitos estudantes era inconcebível não responder a cada insulto com um insulto maior. Muitos não sabiam que existem maneiras menos perigosas de lidar com uma confrontação.

Quando Prothrow-Stith e seus associados aplicaram o programa na primeira escola testada, conseguiram constatar uma redução no nível de violência na instituição. Era um bom sinal: finalmente ela estava no caminho certo. Enquanto aperfeiçoavam o programa, a Dra. Prothrow-Stith e um colega conseguiram contratar dois instrutores para ampliar seu alcance. No auge do programa de prevenção de violência, eles educavam uma centena de estudantes a cada dois meses. Alguns dos participantes acabaram concluindo o curso e instruindo outros jovens, e alguns até montaram os próprios centros de prevenção de violência entre jovens. Muitos desses estudantes haviam feito parte do grupo de "alto risco" e agora podiam atrair seus amigos e colegas. Como Prothrow-Stith descobriu, este é o tipo de trabalho de formiguinha que pode ter um impacto marcante em qualquer comunidade em luta contra a violência.

O Congresso Nacional de Saúde Pública de 1985 representou uma virada para a Dra. Prothrow-Stith. Ela pôde apresentar provas de que iniciativas de saúde pública podiam ajudar a reduzir a violência e seu programa rapidamente ganhou atenção nacional. Logo ela estava desenvolvendo programas para os hospitais da região de Boston. Como resultado, crianças e jovens que chegavam feridos aos hospitais passavam por uma avaliação preventiva seguida de um tratamento para reduzir os riscos de novas agressões. A abordagem consistia em equipes multidisciplinares e tinha como modelo o tratamento de pacientes com asma ou comportamento suicida. Hoje, está claro que a prevenção da violência é matéria de saúde pública. Os Centros para Controle de Doenças em Atlanta, por exemplo, possuem uma seção totalmente dedicada a essa questão, e os médicos habitualmente envolvem as autoridades na prevenção de violência doméstica ou de abusos contra crianças.

Prothrow-Stith se tornou uma força propulsora em Boston, e posteriormente em âmbito nacional, para tornar a prevenção da violência um assunto de saúde pública. No auge da epidemia de violência em

Boston, um ou mais jovens eram mortos todos os meses. Em meados dos anos 1990, no entanto, a cidade passou por um período de mais de dois anos em que nenhum jovem foi morto. Embora esse sucesso não possa ser atribuído exclusivamente a um indivíduo, Deborah Prothrow-Stith e a equipe que ela montou podem tranqüilamente receber um bom crédito por esse resultado. O sucesso fez dela a primeira mulher, a segunda afro-americana e a pessoa mais jovem a ser nomeada membro da comissão de saúde pública da Comunidade de Massachusetts. Mas sua história também ilustra uma característica problemática da Interseção: erros são inevitáveis se você quiser ter sucesso.

Prepare-se para o fracasso

Na explosão de idéias da interseção de campos, o subproduto que talvez mais contrarie a expectativa seja o aumento simultâneo de fracassos. "Cometemos muitos erros desde o início", declara Prothrow-Stith. Mas será que ela poderia ter tido sucesso sem eles? É muito improvável. Quanto mais idéias você põe em prática, maior a probabilidade de realizar alguma coisa realmente inovadora. Mas nem todas as idéias funcionarão. As pessoas inovadoras passam por mais fracassos que seus colegas menos criativos porque produzem mais idéias. Assim, é muito difícil – este livro na verdade argumenta que é praticamente impossível – concretizar idéias na Interseção executando impecavelmente planos de ação bem definidos. No entanto, é dessa forma que a maioria de nós foi treinada para pensar sobre estratégia e implementação. Na verdade, somos *condicionados* a avaliar qualquer novo desafio com perguntas como: qual é nosso objetivo e como alcançá-lo?

Se você estiver desenvolvendo um novo produto, vai elaborar passo a passo um plano de lançamento baseado em pesquisas de mercado, em discussões com engenheiros e na análise das necessidades do consumidor. Um cientista realiza um exercício semelhante quando prepara uma proposta detalhada para obter um financiamento. Ele descreve nesse documento a base para novas experiências, como pretende estruturá-las, quais os recursos e o tempo necessários. Essa meticulosidade aumenta a chance de conseguir financiamento e de obter resultados.

Essa abordagem funciona muito bem na inovação direcional, mas é deficiente para idéias intersecionais. A principal diferença entre a idéia direcional e a intersecional é que, no primeiro caso, sabemos para onde estamos indo. Portanto, temos expectativas razoáveis com relação a quantos consumidores comprarão nosso produto, quantos leitores lerão nosso novo livro ou quais serão os resultados de uma determinada pesquisa. Uma vez identificadas essas metas e as ações críticas necessárias para alcançá-las, podemos elaborar um plano detalhado, reunir os recursos necessários e partir para a execução. Qualquer indivíduo que realize bem as idéias não só é perito em criar esse caminho de execução, mas também avança de uma etapa para outra com determinação implacável. Nessas circunstâncias, o fracasso geralmente significa que não alcançamos nossas expectativas completamente, mas fizemos parte do caminho.

Uma abordagem como essa pressupõe, no entanto, uma compreensão do que precisa ser feito e em que ordem. Infelizmente, a Interseção é um lugar em que nossa compreensão sobre o que fazer e como fazer é, na melhor das hipóteses, turva. Uma idéia intersecional pode avançar em qualquer direção. Não sabemos qual delas vai funcionar até começarmos a experimentá-las. Portanto, a execução bem-sucedida de idéias intersecionais não resulta de planejar para o sucesso, mas de planejar para o fracasso. Essa é uma idéia que contraria o bom senso, mas tem importância fundamental. Como não podemos tomar por base a experiência passada para montar um caminho de execução perfeito, temos de contar com uma aprendizagem sobre o que dá certo e o que não dá. Ao longo desse processo, erros e falhas são inevitáveis. Resumindo: o que Prothrow-Stith vivenciou é a norma na Interseção. Porém, como veremos no próximo capítulo, há maneiras de se preparar para isso.

CAPÍTULO dez

Como ter sucesso diante do fracasso

AGENDAS ELETRÔNICAS E RECOMPENSAS CONTRAPRODUCENTES

Os erros e os recomeços integram o processo de fazer as idéias acontecerem na Interseção. Se quisermos inovar, temos de adicioná-los à nossa equação. Precisamos continuar a executar as idéias e deixar para trás os fracassos. Mas como? Em última análise, o que faz alguém como Deborah Prothrow-Stith, ou qualquer outra pessoa, alcançar o sucesso na Interseção? Para resumir, ela estava disposta a:

- Testar idéias que não funcionam para encontrar as que funcionam
- Reservar recursos para muitas tentativas
- Permaneça motivado

Testar idéias que não funcionam para encontrar as que funcionam

O FRACASSO FAZ PARTE da inovação – acostume-se com isso. É mais fácil dizer do que fazer: é quase impossível sentir-se bem com a idéia de aceitar o fracasso. As falhas causam desmoralização e desapontamento. E isso é ainda mais assustador em uma organização competitiva, em que o fracasso pode resultar não só na perda de confiança, mas, ainda, no declínio da credibilidade e talvez até mesmo em um rebaixamento ou demissão. Logo, é importante observar o fracasso de uma perspectiva organizacional, já que essas dinâmicas são, em parte, o que nos faz temê-lo.

Os gerentes mais competentes e as equipes mais preparadas compreendem que o erro faz parte da inovação e, conseqüentemente, esperam que ele ocorra numa certa parte do tempo.[1] Dizem que Dean Kamen, o inventivo criador do aparelho de diálise e do transportador pessoal Segway, ficava "descontente quando ele e seus engenheiros não passavam com freqüência por fracassos ridículos, porque grandes falhas mostram que há grandes aspirações".[2] Evidentemente, essa não é uma atitude tipicamente corporativa. Mesmo quando os gerentes sabem que as falhas promovem futuras inovações, não é fácil administrá-las. É muito mais fácil administrar para o sucesso. Afinal, se alguém fez um bom trabalho, deve ser recompensado – um tapinha no ombro, um bônus, um aumento de salário... As pessoas esperam ser recompensadas quando têm sucesso. Mas como lidar com o fracasso?

Para responder a essa pergunta, vamos analisar algumas situações de trabalho. Por exemplo, premiar o sucesso é uma estratégia razoável em atividades cujo único objetivo é executar um processo específico: pousar um avião, realizar uma cirurgia ou instalar um disco rígido. Na maioria dos casos, essas tarefas seguem processos claramente definidos e as falhas não são esperadas nem podem ser vistas como positivas. Mas o que dizer de empregos em que o sucesso depende de uma produção contínua de novas idéias? Daqueles em que as tentativas e experiências fazem parte da descrição do cargo? Aí a coisa é mais complicada. Ainda parece uma boa idéia recompensar o sucesso. Mas é suficiente premiar os resultados e deixar as falhas "desaparecerem"? Nesse caso, estaríamos dispostos a correr o risco de falhar e, dessa forma, aumentar a probabilidade de inovar no longo prazo? Talvez. Mas os melhores resultados devem surgir num ambiente em que sucesso e fracasso sejam igualmente recompensados – em que a *inércia* seja punida.

Claramente, o que não deve ser recompensado é não fazer nada – não concretizar nenhuma idéia criativa. Robert Sutton, catedrático da Stanford Business School, postula que a inação é muito pior que o fracasso quando se trata de avaliar o esforço inovador. O fracasso, afinal, subentende algum tipo de resultado. Como a qualidade da inovação está associada à quantidade de idéias, faz sentido gerenciar de acordo com métricas baseadas na quantidade de idéias. Como exemplo dessas métricas, temos a quantidade de protótipos construídos, de patentes registradas, de artigos publicados, de projetos finalizados, e assim por diante. Sem uma grande quantidade de idéias, não pode haver inovação. Portanto, o resultado precisa ser recompensado, quer tenha gerado sucesso ou fracasso.[3]

Isso pode parecer pouco realista se não houver algumas ações adicionais. Desse modo, como recompensar o fracasso? Sutton tem alguns indicadores sobre como se orientar nesse terreno:

- Assegure-se de que todos saibam que a pior falha é deixar de executar idéias e que isso será punido.
- Assegure-se de que todos aprendam com os erros do passado; *não* premie várias vezes os mesmos erros.

- Se alguém apresentar um baixo índice de fracassos, desconfie. Talvez essa pessoa não esteja se arriscando, ou talvez esteja escondendo os erros, em vez de permitir que outros membros da organização aprendam com eles.
- Contrate gente que tenha cometido erros inteligentes e deixe outros na organização saberem que esse foi um dos motivos da contratação.

A Vertex Pharmaceuticals é um grande exemplo de empresa que testa idéias que não dão certo para encontrar outras que dão. A indústria farmacêutica está enfrentando graves desafios. Embora nos anos 1990 os investimentos das companhias farmacêuticas em pesquisa e desenvolvimento tenham aumentado mais de 300 por cento, o número de medicamentos aprovados pela Food and Drug Administration (FDA)* no mesmo período diminuiu 50 por cento. As companhias estão vendo medicamentos cujo desenvolvimento custou centenas de milhões de dólares parados ou rejeitados nos processos de aprovação da FDA. Se essa redução não for revertida, o desenvolvimento de medicamentos vai se tornar proibitivo para a maioria das empresas.[4]

Paradoxalmente, a Vertex conseguiu diminuir a taxa de redução de aprovações usando o recurso de efetivamente aumentá-la. Quanto mais idéias (neste caso, combinações moleculares) os pesquisadores puderem testar, maior a probabilidade de encontrar alguns bons produtos. Conseqüentemente, muito mais idéias acabarão no beco sem saída, porém espera-se que isso ocorra numa fase muito mais preliminar do que antes. As boas idéias – neste

---

*Órgão governamental norte-americano que faz o controle de alimentos, medicamentos, cosméticos e derivados do sangue humano. (*N. da R.*)

caso, drogas seguras e eficazes – têm mais chance de ser aprovadas e acabar gerando vendas. A Vertex se colocou deliberadamente numa interseção de disciplinas e tecnologias em que todos os dias ela gera milhares de novos candidatos a medicamentos.[5] De acordo com Vicki Sato, presidente da companhia, parte da estratégia está revelada no próprio nome. Ela explica: "Sabe, Vertex não significa apenas vértice ou zênite, embora seja nesses significados que a maioria pensa quando ouve nosso nome. Mas ele também significa interseção."[6]

O objetivo é produzir tantos potenciais compostos de medicamentos quanto possível para selecionar os poucos que darão à Vertex um remédio revolucionário. Eis como isso funciona: computadores poderosos combinam de forma mais ou menos aleatória moléculas com diferentes alvos de drogas.* Em seguida, os computadores descartam as combinações consideradas ineficazes.[7] As combinações de moléculas restantes seguem para uma equipe de cientistas de computação, biólogos, químicos, médicos, industriais e advogados que trabalham juntos para avaliá-las e levar a efeito aquelas que têm maior potencial. Alguns compostos são rapidamente descartados, outros, um pouco mais tarde, mas alguns são desenvolvidos como medicamentos. Todos os dias, os computadores da Vertex geram milhares de combinações; a imensa maioria termina em fracasso. Contudo, ao expandir a produção de idéias e falhar muito e velozmente, a companhia também tem mais chance de desenvolver medicamentos bem-sucedidos. Até o momento, a estratégia parece estar dando certo: dois remédios já têm aprovação da FDA e outros seis estão na fase 1, ou além.

---

*Um alvo de drogas é uma molécula que participa de um processo metabólico ou de comunicação específico de uma doença, patologia ou infecção. (*N. da T.*)

Esse princípio não se aplica somente a empresas, mas também a indivíduos. Por exemplo, enquanto escrevia o poema *The Waste Land*, T.S. Eliot testou centenas de idéias únicas. Muitas delas acabaram sendo descartadas, outras foram incluídas. O poema resultante é uma obra-prima em que Eliot entrou na interseção de culturas e mitologias de todo o mundo. Para completar o poema, foram necessários vários anos, bem como reescrevê-lo e editá-lo várias vezes (além de uma ajuda significativa da esposa e do amigo Ezra Pound). Embora o poema pareça um produto íntegro, na verdade é uma coleção de centenas de diferentes combinações de conceitos.[8]

Para que essa estratégia funcione, é importante aprender com os erros do passado. Por que razão, por exemplo, alguns indivíduos ou equipes geram muitas idéias e produtos e mesmo assim não produzem nada relevante ou inovador? Talvez seja apenas falta de sorte. Afinal, sabemos que a probabilidade de obter qualidade aumenta quando a produção é grande, mas isso não está garantido. É mais provável, no entanto, que aqueles que produzem em massa sem sucesso não estejam trabalhando idéias diferentes, mas apenas criando variações incrementais (e equivocadas) de idéias semelhantes. Imagine, por exemplo, escrever 15 livros muito parecidos sobre um assunto que ninguém considera interessante ou valioso. Não há problema em cometer novos erros, apenas não se devem repetir os velhos.

Para realizar com sucesso as idéias na Interseção é preciso testar muitas idéias diferentes geradas pela explosão das combinações de conceitos. Algumas dessas idéias vão fracassar... outras, não.

Reservar recursos para muitas tentativas

QUANDO FOI LANÇADO, em abril de 1996, o Palm Pilot* se tornou o computador de venda mais rápida na história. Era pequeno, fino, elegante e irresistivelmente útil. "Lembro-me que estava sentado à mesa quando ele foi apresentado," declarou o gerente de marketing na época. "Todos nós ficamos arrepiados."[9]

Como os criadores do Palm Pilot, Jeff Hawkins e Donna Dubinsky, conseguiram tamanho sucesso? Por meio de planejamento e execução cuidadosos? Bem, eles planejaram, mas no início os planos não funcionaram. Antes da invenção do Palm Pilot, a empresa incipiente deles havia lançado outro produto portátil chamado Zoomer, que, mesmo sendo compacto, foi projetado para fazer tudo o que um computador faz, inclusive imprimir e processar fax. Mas no fim das contas o Zoomer não fazia nada que um computador faz ou, pelo menos, não fazia bem. O software mal funcionava e o aparelho era muito grande e lento. Além disso, evidentemente, ninguém de fato queria mandar um fax por meio de um aparelho de mão. O Zoomer foi um enorme fracasso.

A história poderia ter acabado aí, mas Dubinsky tivera o cuidado de reservar capital suficiente para outra tentativa. Eles perceberam que as pessoas não queriam aparelhos portáteis que imitassem computadores. Em vez disso, a maioria delas queria algo suficientemente simples para competir com suas agendas. Algo tão pequeno que coubesse no bolso da camisa e fosse fácil de usar – um instrumento que pudesse executar rapidamente algumas tarefas importantes. Em última análise, foi isso que se tornou o Palm Pilot, um dos produtos mais inovadores dos anos 1990.

---

*Computador portátil. (*N. da T.*)

Uma característica das idéias intersecionais é o fato de que muitas suposições que você faz durante o desenvolvimento estão erradas. Por isso, é preciso não só esperar fracassos, mas também se preparar para eles. Deborah Prothrow-Stith fez isso. Hawkins e Dubinsky também. Qualquer um que tenha sucesso na Interseção contará a mesma história: a idéia original precisou ser modificada inúmeras vezes. Picasso, por exemplo, usou pelo menos *oito blocos de rascunho* apenas para os croquis preliminares de sua tela revolucionária *Les Demoiselles d'Avignon*.[10]

No entanto, essa abordagem pede uma preservação cuidadosa dos recursos, sejam eles dinheiro, tempo, reputação, contatos ou poder. Clayton Christensen é professor titular da Harvard Business School e autoridade renomada em inovação disruptiva, um tipo especial de idéia intersecional. Em seu sucesso editorial, *O dilema da inovação*, ele observa:

> *A pesquisa mostrou, na realidade, que a imensa maioria das novas iniciativas de negócios bem-sucedidas abandonou as estratégias de negócios originais quando começou a pôr em prática os planos iniciais e descobriu o que funcionaria e o que não funcionaria no mercado. A diferença dominante entre uma iniciativa bem-sucedida e uma iniciativa fracassada geralmente não está na astúcia da estratégia original. Imaginar de saída a estratégia adequada não é nem de longe tão importante para o sucesso quanto conservar recursos suficientes (ou contar com patrocinadores ou investidores de confiança), de modo que a nova iniciativa de negócio tenha uma segunda ou terceira oportunidade de corrigir o curso. Os que fracassam são aqueles que se vêem sem recursos ou credibilidade antes de poder proceder às iterações que levam a uma nova estratégia.*[11]

Isso parece um conselho inteligente, de bom senso: mantenha a bolsa fechada e tudo dará certo. No entanto, indivíduos, equipes e empresas geralmente esgotam os recursos antes de terem a chance de explorar completamente os diversos caminhos na Interseção. Por que isso acontece?

Quando estabelecemos um plano de execução, nós o fazemos por diversas razões: para coordenar atividades; para planejar o uso dos recursos; e para convencer sócios, investidores, clientes e distribuidores a se juntarem a nós. Entretanto, na maior parte do tempo, a maioria dessas pessoas quer ver certezas em nossos planos. Em geral, você não vai marcar muitos pontos se encerrar uma apresentação com as palavras "mas tudo isso pode mudar amanhã". Se estiver trabalhando uma idéia direcional, não deve fazer isso. Mas, se estiver trabalhando uma idéia intersecional, deve ter o cuidado de não apresentar planos concretos, em vez de mostrar a incerteza inerente ao processo.

O desejo de prever todos os detalhes deriva em parte da crença de que o planejamento cuidadoso pode eliminar as incertezas. Mesmo sabendo que o futuro é incerto, ainda temos a *sensação* de que as incertezas podem ser controladas se tivermos elaborado os detalhes. Contudo, planejar na interseção é complicado – sim, os planos são úteis, mas somente se estivermos conscientes de que eles talvez precisem mudar.

Eis a questão: se não informarmos que os planos podem mudar, os outros podem criar expectativas baseadas neles. Em vez de estar preparados para fornecer mais dinheiro se a primeira tentativa fracassar, os investidores vão querer ver resultados. Os clientes vão esperar que tudo funcione de acordo com o plano e nossos amigos e colegas vão começar a acreditar que "estamos muito perto de alguma coisa". Evidentemente, corresponderemos a essas expectativas tentando acertar da primeira vez. Gastaremos mais tempo, dinheiro e boa vontade pondo em prática o plano errado. E, subitamente, estaremos sem recursos, antes de termos a chance de nos adaptar e de transformar em realidade nossas idéias intersecionais.

Uma das razões pelas quais tantas empresas novas da Internet faliram tão espetacularmente guarda relação com essa questão. Durante o crescimento acelerado da Internet, pequenas iniciativas receberam recursos de capital sem precedentes. Em muitos casos, elas estavam tentando fazer algo completamente original, que ninguém havia experimentado antes. Sabemos hoje que muitas previsões e suposições sobre a Internet estavam totalmente erradas. Mas na verdade não há nada de excepcional nisso. Que uma iniciativa na Interseção esteja totalmente fora do alvo não é nada de especial. Na verdade, como indica Christensen, esta é a *regra*, não a exceção.

Portanto, se estar errado não é algo incomum, por que tantas empresas da Internet quebraram? Porque a maioria agiu *como se fosse acertar na primeira tentativa*. Elas se comportaram como se não pensassem que teriam de mudar seus planos uma, duas ou muitas vezes. Por exemplo, a Boo.com, uma empresa de moda sediada em Londres, tentou unir o alcance global da Internet com a venda de roupas esportivas. Começou a funcionar em novembro de 1999 e faliu em menos de sete meses, depois de queimar pelo menos 135 milhões de dólares. Os fundadores desenvolveram um planejamento de negócios que detalhava uma estratégia de crescimento mundial e venderam esse plano a investidores, fornecedores e clientes. Eles apostaram todas as fichas nessa estratégia, em vez de reservar recursos para testar algumas idéias diferentes. Dessa forma, a Boo lançou uma campanha global, contratou mais de 350 pessoas em cinco escritórios no mundo e, vez ou outra, voou de Concorde para chegar a tempo às reuniões.[12]

Quando a Boo percebeu que o plano inicial não funcionava, era tarde demais para os fundadores mudarem o rumo. Sem dinheiro e com a confiança pública abalada, o colapso era inevitável. No entanto, a idéia geral deles não era necessariamente ruim. Claramente, existe mercado para a venda virtual de roupas no varejo. A Boo teve uma boa oportunidade de inovar e se tornar líder desse mercado. Mas os fundadores acreditaram tanto no seu plano de negócios que aplicaram nele todos os recursos. Embora este seja o caminho adequado na maioria das idéias direcionais, é, evidentemente, errado na Interseção.

Desse modo, como combater o desejo de aplicar os recursos de acordo com um plano, sabendo que talvez ele tenha de mudar? Quais são as lições que podemos aprender com a experiência de Deborah Prothrow-Stith e outros que tiveram sucesso na realização de idéias intersecionais?

- Esteja preparado para mudar seus planos de execução. Você pode tê-los elaborado para convencer outras pessoas, para se motivar, para coordenar atividades, ou por qualquer outra razão. Mas eles terão como base pelo menos algumas premissas falsas e, portanto, precisarão ser ajustados.
- Se a realização de suas idéias depende de dinheiro, assegure-se de gastá-lo com prudência. É possível reservar o suficiente para pelo menos mais uma ou duas tentativas? Como alternativa, encontre patrocinadores de confiança que forneçam dinheiro para diversas tentativas.
- Se a realização de suas idéias depende de tempo, dê a si mesmo o tempo necessário para diversas tentativas e erros.
- Avance com extrema cautela se sua reputação, a boa vontade de terceiros ou seus contatos dependerem de a execução de sua idéia ter sucesso na primeira tentativa.

Permaneça motivado

Talvez a estratégia mais importante para o sucesso na Interseção seja permanecer motivado. Se você continuar motivado, terá os meios para superar os erros e continuar fiel a uma idéia até concretizá-la. Mas, se perder a motivação, o fracasso parecerá inevitável. Você não só perderá o interesse no que está fazendo, mas sua disposição para explorar idéias criativas diferentes ou para assumir riscos diminuirá rapidamente. Portanto, a motivação é crucial para ajudá-lo a perseverar quando as idéias iniciais fracassarem.

Grande conselho, mas como agir de acordo com ele? Uma das ferramentas mais comuns para nos mantermos motivados e para motivar os outros são os incentivos. Não parece lógico essa estratégia funcionar na Interseção? Afinal, as recompensas têm uma longa e sólida história de influência vitoriosa sobre o comportamento produtivo. Na verdade, uma das experiências psicológicas mais conhecidas, a Caixa de Skinner, ilustra o poder das recompensas. Nessa experiência, coloca-se um rato numa caixa na qual há um botão e um dispositivo para fornecer comida. Quando o rato pisa no botão, recebe uma recompensa – no caso, tabletes de comida. A recompensa, por sua vez, leva o rato a ficar pisando no botão para conseguir mais comida.

Esse "efeito Skinner" se tornou a principal experiência a comprovar que as recompensas são uma chave no controle do comportamento. Se um determinado tipo de comportamento for premiado, ele será repetido e aprimorado. É virtualmente impossível evitar ter uma experiência pessoal do efeito Skinner. Se você quiser que seus filhos cortem a grama e arrumem o quarto, isso será prontamente feito se eles receberem uma recompensa, como uma "semanada". É claro que o mesmo se aplica aos adultos. Não há nada particularmente estranho nesse comportamento. Se as tarefas e as metas forem relativamente claras, pode ser uma grande idéia garantir que os envolvidos estejam muito conscientes das recompensas externas, quer elas sejam dinheiro, status ou fama. Mas como isso pode funcionar quando as metas não são claras e as pessoas não sabem com certeza que passos devem ser dados e em que ordem? Em outras palavras, como isso pode funcionar na Interseção?

A MOTIVAÇÃO NA INTERSEÇÃO

Não muito bem, para ser sucinto. Teresa Amabile, psicóloga da Harvard Business School, dedicou-se a examinar os efeitos das recompensas sobre a criatividade num estudo envolvendo mais de cem crianças. A pesquisadora disse às crianças que tinha duas atividades diferentes para elas. Uma delas era contar a história de um livro infantil chamado *A Boy, a Dog and a Frog*. O livro tem trinta páginas com imagens coloridas e nenhuma palavra. Assim, dá às crianças uma ampla margem para interpretar por si próprias o que está acontecendo. A outra atividade era utilizar uma câmera Polaroid, que deixou todas as crianças muito curiosas. Antes do início da experiência, as crianças foram divididas em dois grupos. As do primeiro grupo foram informadas de que poderiam brincar com a câmera se prometessem contar depois uma história do livro. Porém, antes de brincar com a câmera, elas tiveram de assinar um contrato prometendo contar a história quando terminassem. Depois que elas fizeram algumas fotos, foram lembradas da promessa e a pesquisadora passou a trabalhar com o livro.[13]

Às crianças do segundo grupo foi dito que havia duas atividades, mas uma não dependia da outra. Em vez disso, simplesmente foi perguntado a elas se queriam brincar com a câmera (e elas queriam) e foi pedido a elas que contassem a história do livro. Nenhuma promessa foi feita, nenhum contrato foi assinado. Cada história dos dois grupos foi gravada, transcrita e posteriormente avaliada em termos de criatividade por três professores do ensino fundamental. Os resultados foram curiosos. Mostraram claramente que o primeiro grupo, aquele que brincou com a câmera como recompensa por contar uma história mais tarde, foi significativamente menos criativo que o segundo grupo. As crianças fizeram as mesmas atividades, na mesma ordem, mas com resultados imensamente diferentes. Amabile escreve no livro *Creativity in Context*: "Nesse estudo, a única diferença entre as experiências das crianças premiadas e as das não-premiadas foi perceber a recompensa como dependente ou não da atividade-alvo. Portanto, aparentemente, a percepção de uma tarefa como um meio para alcançar um fim é crucial para a redução da criatividade no cumprimento da tarefa."

Dito de outra maneira: o mero ato de afirmar que uma atividade é recompensa para outra pode levar a uma redução da produção criativa. Quando as pessoas sentem que estão sendo recompensadas por uma atividade, o sentimento de controle externo é suficiente para de fato prejudicar a criatividade. Amabile e outros pesquisadores comprovaram o efeito negativo da recompensa sobre a criatividade em numerosos estudos. Vejamos outra experiência: pediu-se a pessoas que montassem uma vela numa tela vertical. Para resolver o problema, eles só podiam usar a tela, a vela, uma cartela de fósforos e uma caixa de percevejos. Essa experiência continha o que os pesquisadores chamam de "quebra de enfoque", uma maneira elegante de dizer que o sujeito da pesquisa deve usar algum objeto de forma inusitada. Nesse caso, a pessoa precisaria esvaziar a caixa de percevejos e pregá-la na tela, de modo a servir de plataforma para a vela. É claro que, nesse caso, o mais difícil era ver que a caixa poderia ser usada como plataforma e não só como um recipiente para os percevejos. As pessoas foram divididas em dois grupos. Os membros do primeiro grupo foram informados de que receberiam 5 dólares de recompensa se seu tempo de solução do problema caísse no quartil superior e 20 dólares se eles fossem os mais rápidos. O segundo grupo não recebeu essas instruções. Como você já pode imaginar, o grupo que não tinha chance de receber uma recompensa resolveu o problema muito mais depressa que o grupo que seria recompensado.

Portanto, as recompensas explícitas podem ser uma maneira eficaz de matar nossa criatividade. Por que exatamente? Amabile descobriu uma conexão entre nosso impulso interno, que ela chama de motivação intrínseca, e os esforços criativos. Se a motivação intrínseca for alta, se tivermos paixão pelo que estamos fazendo, a criatividade fluirá. As expectativas e as recompensas externas podem matar a motivação intrínseca e, como conseqüência, matar a criatividade. Quando a motivação intrínseca diminui, também diminui nossa disposição para explorar novos caminhos e idéias diferentes, o que é crucial na Interseção. Isso significa que para manter a motivação e executar uma idéia intersecional, como fizeram Prothrow-Stith e Hawkins e Dubinsky, é preciso ter cuidado com as recompensas explícitas, externas. Stephen King descreve isso da seguinte maneira: "Ter dinheiro é ótimo, mas, quando se trata de um ato de criação, o melhor é não pensar muito no dinheiro. Ele faz todo o processo ficar constipado."[14]

OFUSCANDO O IMPULSO INTERIOR

O que acontece quando as recompensas explícitas se tornam tão incrivelmente poderosas que obscurecem a motivação interna? Acredito que vimos isso acontecer em larga escala durante o crescimento explosivo da Internet. Eu me lembro claramente de estar num ônibus de turismo, num dos principais congressos da indústria da Internet. A meu lado estava um sujeito vestido na última moda da Nova Economia na época: uma camisa toda azul, blazer e calça esporte. Ele tinha se formado recentemente em uma escola de economia de primeira linha e conseguido um emprego num banco de investimentos, mas largara o cargo para entrar numa empresa nova. Quando lhe perguntei o que a empresa fazia, respondeu que era uma B2B,* o que significa especificamente interações entre empresas pela Internet.

Àquela altura, as interações B2B pela Internet eram a última moda. Previam-se retornos inimagináveis e as empresas B2B podiam facilmente alcançar avaliações na casa dos bilhões de dólares, embora estivessem a anos de distância de ter algum lucro. No outono de 2000, havia interações B2B para todas as áreas de negócios concebíveis. Portanto, perguntei ao sujeito o que fazia exatamente sua empresa B2B. "É um espaço para reunir compradores e vendedores de peixe", respondeu ele. Eles ainda não haviam obtido a primeira parcela de financiamento, mas estavam avançando com o capital inicial que haviam reunido.

Aquilo me pareceu surpreendente. O que poderia levar alguém que vivia no ritmo acelerado de Wall Street a voltar seu interesse justamente para o comércio de peixe? Este é um ramo de negócios que deveria ter um apelo quase nulo para a maioria dos MBAs naquela época. Apesar disso, descobri nas revistas especializadas em negócios que ele tinha pelo menos três ou quatro concorrentes e havia outros a caminho. Para vender peixe!

A resposta não é um grande mistério. Três palavras fornecem uma motivação tão forte quanto qualquer outra: primeira oferta pú-

*Business-to-business. (*N. da T.*)

blica. Abrir o capital da empresa e ficar instantaneamente rico no papel é um fator bastante motivador. Surpreendentemente, porém, no segmento B2B, situado na interseção da tecnologia emergente com o mercado estabelecido, a criatividade era bastante limitada. As revistas de negócios até publicaram listas de procedimentos para começar uma empresa B2B e para abrir-lhe o capital. E todo mundo seguia a fórmula. Todo mundo "sabia o que fazer" – era só uma questão de fazer mais rápido do que todos os outros.

Em outras palavras, as pessoas se comportavam como se estivessem lidando com uma inovação direcional. Ninguém esperava falhas, e quando estas inevitavelmente aconteciam e a perspectiva de abrir o capital tornava-se remota, as pessoas tinham problemas para permanecer motivadas. Sem falar que as equipes que embarcavam nessas aventuras podiam não ser criativas ou empreendedoras. Mas isso mostra que a motivação intrínseca, fator fundamental para a inovação na Interseção, pode ser massacrada quando a motivação externa está competindo por sua atenção.

Há outra pesquisa que indica como esse princípio está presente no mundo corporativo. Jim Collins, autor do best seller *Empresas feitas para vencer*, analisou os tipos de líderes que dirigem empresas estelares e de que forma eles são recompensados. Revelou-se que as empresas usam uma ampla gama de esquemas de incentivo: salários, participação acionária, bônus, participação nos lucros e assim por diante, em todas as variações possíveis, mas nenhuma dessas variações tem uma correlação com o sucesso. Os incentivos são importantes para atrair um candidato para determinado cargo, mas, uma vez preenchido o cargo, eles perdem quase toda a importância. Os indivíduos com tendência a um alto desempenho fazem isso por conta do impulso interno, não dos incentivos externos. Eles *querem* fazer um bom trabalho.[15]

Apesar disso, as empresas que esperam gerar inovações revolucionárias instituem todo tipo de premiação para obter resultados. John Seely Brown, ex-diretor do famoso Palo Alto Research Center, da Xerox, e um dos líderes do pensamento inovador mais respeitados no país, opinou sobre as razões pelas quais as corporações parecem ignorar os efeitos negativos das recompensas sobre a motivação intrínseca: "As corporações desprezam a verdade sobre a paixão porque confiam na previsibilidade. Expectativas trimestrais exigem previsibilidade. Para ser previsível, a gerência precisa exercer controle. Para exercer controle, usam-se incentivos. Alguns dos incentivos mais poderosos são o salário e os bônus. Mas a inovação não funciona assim."[16]

É importante acrescentar que nem todas as recompensas têm efeito negativo sobre a motivação intrínseca. Os inovadores na Interseção verificam que sua motivação intrínseca diminui quando correlacionada com uma recompensa *explícita*, mas as recebidas como testemunho de competência ou como parte da experiência de aprendizagem podem ser muito eficazes. Isso significa, basicamente, que um inovador deve receber os frutos de seu trabalho. Na verdade, se essas recompensas não forem concedidas, é quase certo que a motivação seja sufocada. Amabile observa que "os efeitos negativos também parecem surgir quando as pessoas sentem que não estão sendo recompensadas generosa e equitativamente por seu trabalho".[17]

Evidentemente, se outra pessoa receber uma recompensa por um trabalho realizado por você ou por sua equipe, isso terá um impacto negativo na motivação. Håkan Lans, por exemplo, tendo sido muitas vezes obrigado a lutar nos tribunais para proteger seus direitos de patente, afirma: "Preciso de reconhecimento pelo que fiz e quero ser recompensado por isso. Se você não consegue isso ou se é privado da recompensa, isso é desmoralizante e doloroso. E pode matar o desejo de inovar."[18] Na Interseção, as pessoas devem acreditar que receberão a recompensa que merecem por seu trabalho – mesmo que ninguém saiba de saída como será esse retorno.

Rumo ao sucesso

Deborah Prothrow-Stith conseguiu ter sucesso na Interseção porque incorporou os erros no plano de execução global. Mais importante ainda: ela conseguiu permanecer motivada durante todo o processo de tentativa e erro porque estava fazendo algo de que realmente gostava. A propósito, o mesmo se aplica a todas as outras pessoas com quem conversei para escrever este livro.

No entanto, simplesmente executar um plano apesar dos fracassos não é suficiente para concretizar uma idéia intersecional. Há mais desafios a superar. Não é suficiente enfrentar a incerteza; também será necessário combater o impulso sedutor de permanecer confortavelmente dentro de sua rede estabelecida. De fato, muitos dos recursos, processos e indivíduos que contribuíram no passado para o seu sucesso podem subitamente estar refreando você. No próximo capítulo vamos ver por quê.

CAPÍTULO **onze**

Liberte-se de sua rede

FORMIGAS E CAMINHONEIROS

No início dos anos 1990, Eric Bonabeau, engenheiro de pesquisa e desenvolvimento da France Telecom, e Guy Theraulaz, ecologista que estudava insetos sociais, conheceram-se num seminário promovido pelo Santa Fe Institute no Novo México. Entre outras coisas, eles conversaram sobre a maneira como as formigas encontram alimentos.[1] Dez anos depois, as técnicas desenvolvidas com base nessa conversa estão ajudando os transportadores de combustível a planejar suas rotas através dos Alpes suíços. Mas o que pode haver de comum entre formigas à procura de alimentos, caminhoneiros suíços que transportam combustíveis e engenheiros de telecomunicações?

Para começar, nenhum deles quer perder tempo. Contudo, enquanto os insetos são capazes de encontrar o caminho mais curto até seu destino, seus correspondentes humanos geralmente vão pelo caminho mais longo. Como as formigas conseguem isso? Em muitas espécies desse inseto, forrageiras especiais se distribuem por caminhos mais ou menos aleatórios em busca de alimentos. Durante sua busca frenética, a formiga forrageira libera um feromônio que tem a propriedade de atrair outras formigas. Quanto mais forte o cheiro, mais formigas são atraídas. A trilha com odor mais forte será a da formiga que encontrou o caminho mais curto entre o formigueiro e o alimento, já que ela voltou primeiro. O cheiro mais forte, por sua vez, leva outras formigas a escolherem aquele mesmo caminho, o qual, com o tempo, será a trilha dominante de feromônios. No final, o caminho mais rápido terá surgido graças ao comportamento coletivo da colônia de formigas, sendo criada uma via expressa de forrageiras que exploram eficientemente a fonte de alimento.[2]

Quando ouviu de Theraulaz essa explicação, Bonabeau teve uma grande revelação: "Não só porque finalmente compreendi como as formigas eram capazes de atacar com tanta eficiência meu sanduíche durante aqueles piqueniques aflitivos da minha infância, mas também porque vi uma metáfora computacional poderosa." Revelou-se que a vida numa colônia de formigas tinha ligação com outros problemas de nosso mundo, nos quais Bonabeau estava trabalhando. Subitamente, ele entendeu como eles se relacionavam.

"De volta à France Telecom", conta ele, "comecei a aplicar a metáfora das formigas no planejamento de rotas, um problema recorrente nas redes de telecomunicações. O roteamento é necessário porque a maior parte das grandes redes de comunicações não está totalmente conectada por questões de custo-benefício; portanto, as mensagens precisam ser guiadas através da rede para alcançar seu destino. Descobri que os caminhos usados pelas mensagens poderiam ser otimizados se eu fizesse formigas virtuais deixarem feromônios virtuais nos nós ou nos roteadores da rede".[3]

Bonabeau ficou fascinado com o sucesso da aplicação do comportamento dos insetos aos algoritmos de busca dos computadores. "Mas a France Telecom não estava preparada para aquilo", disse ele, em seu forte sotaque francês, "e ao mesmo tempo fiquei cada vez mais interessado em insetos." Pode-se entender o conflito: estudar feromônios de formigas provavelmente não estava no topo da lista de prioridades da gigante das telecomunicações. Bonabeau acabou decidindo sair da empresa e foi diretamente para o Santa Fe Institute. "Mais ou menos um ano depois, outras pessoas na France Telecom começaram a se perguntar o que acontecera comigo quando viram na *BusinessWeek* uma reportagem de capa com Peter Cochrane, na época o chefe dos laboratórios da British Telecom, apregoando o uso de agentes semelhantes a formigas no roteamento de redes de telecomunicação." As idéias de Bonabeau haviam se espalhado para além do instituto e a British Telecom teve o bom senso de fazer uso delas.[4]

Bonabeau passou três anos no Santa Fe Institute, aprendendo mais do que tinha imaginado sobre vespas e formigas. Durante esse período, ele se dedicou a essa nova área com segurança, força e nenhuma preocupação com aonde aquilo o levaria. "Não pensei no futuro", diz ele. "Não pensei em minha carreira nem se o que eu fazia poderia ser útil. Não pensei em nada desse tipo." Ele apenas foi em frente, buscando as conexões entre os dois campos. E conseguiu encontrá-las.

A intuição e os esforços de Bonabeau acabaram por criar uma disciplina totalmente nova chamada "inteligência de enxames".[5] É um campo fascinante, repleto de biólogos, programadores de computador e outros que buscam encontrar tendências e respostas por meio da execução de programas que copiam o comportamento dos insetos sociais. Até Michael Crichton combinou os conceitos da inteligência de enxames com a literatura de suspense em seu livro *Presa*.

Atualmente, Bonabeau é o principal cientista da Icosystem, empresa que ele fundou e que aplica esse tipo de ciência a grandes problemas da área de negócios, como o planejamento de fábricas, os sistemas de controle e o roteamento nas telecomunicações.[6] Ele colaborou, por exemplo, com o Departamento de Defesa dos EUA para aumentar a eficiência dos veículos aéreos não-tripulados (UAVs). Esse tipo de avião ficou conhecido do público durante a guerra dos EUA contra o Talibã, no Afeganistão, em 2001. O UAV dispensa o piloto e é capaz de inspecionar, relativamente sem risco, vastas regiões à procura de esconderijos inimigos. O problema é que, quando aumenta o número desses aparelhos no ar, a tarefa de gerenciar o processo de busca rapidamente se torna ineficiente. É virtualmente impossível os aviões não-tripulados não repetirem as buscas uns dos outros. Como evitar que um UAV circule sobre a mesma área que outro aparelho acabou de vistoriar? Para resolver esse problema, Bonabeau dotou cada UAV de uma trilha de feromônios virtuais que dizem aos outros aparelhos para "manter distância" por algum tempo. Dessa forma, o enxame pode inspecionar com eficiência o território inimigo.[7]

E os caminhoneiros suíços que transportam combustível? O desafio deles é encontrar o caminho mais curto entre os locais de entrega nos Alpes, e sua eficiência varia tremendamente em função da ordem das entregas. Esse problema pode parecer simples, mas, com um grande número de entregas de gasolina, o número de variações de percurso possíveis se torna grande demais para poder ser analisado. Com aproximadamente 12 pontos, já estamos falando de bilhões de rotas possíveis, que aumentam exponencialmente a cada ponto visitado pelo motorista. Nenhum computador é capaz de calcular com rapidez suficiente qual desses percursos é o mais curto. As formigas, no entanto, passaram milhões de anos de evolução fazendo isso. Portanto, os motoristas usam um software que imita o comportamento das formigas que buscam alimentos.

Hoje, Eric Bonabeau se tornou um pioneiro e líder no campo da inteligência de enxames. Mas como ele conseguiu isso? Como foi capaz de aplicar suas idéias nessa interseção? Isso aconteceu não somente porque ele as executou apesar dos fracassos (e eles ocorreram), mas também porque ousou se libertar de seu ambiente cuidadosamente construído. Tudo aconteceu porque Bonabeau estava preparado para se livrar de sua rede antiga, a fim de construir uma nova.

O paradoxo da rede

O QUE ACONTECE quando você decide buscar uma idéia intersecional? Digamos que você tenha conseguido derrubar as fronteiras associativas entre dois (ou mais) campos diferentes e também tenha deflagrado uma explosão de conceitos aleatoriamente combinados. Imagine que para ter sucesso na interseção só lhe falte aplicar suas idéias. Portanto, você vai em frente, preparado para realizar sua visão sem se abater com os primeiros fracassos. Contudo, subitamente, descobre algo inesperado: praticamente todos os seus relacionamentos e estruturas parecem estar impedindo o progresso. Os colegas, a carreira, os mentores, as instituições, os clientes, as tradições, seus parceiros, os distribuidores, os fornecedores – todas as pessoas e coisas que contribuíram para seu sucesso no passado parecem estar conspirando para manter você em ponto morto. Eles insistem em que você continue no seu próprio campo – longe da Interseção.

A rede não está impedindo seu progresso deliberadamente. Não existe uma conspiração. Mas sua rede promove, apóia e destaca idéias valorizadas dentro dela. E esmaga ou remove idéias que não valoriza. Essa característica inerente cria um paradoxo difícil para qualquer pessoa que está buscando uma idéia intersecional: se quisermos ter sucesso na interseção de campos, teremos de nos libertar das próprias redes que nos levaram ao sucesso. Por que será que alguns dos maiores obstáculos no caminho para a Interseção vêm de pessoas que fazem parte de nossas próprias disciplinas, de nossos clientes, nossas organizações, nossas culturas ou de outros de nossos relacionamentos próximos? Para responder a essas perguntas, temos de entender em primeiro lugar por que construímos redes.

Por que construímos redes

Por que nos tornamos mais hábeis em gerar e executar as idéias dentro de um campo? Embora seja evidente que mais experiência (o que leva a uma compreensão maior de conceitos) é um fator importante, muitos outros fatores contribuem para o sucesso de um indivíduo ou uma empresa dentro de um campo. Alcançamos o sucesso porque temos sólidos relacionamentos com parceiros de negócios e mentores, porque compreendemos o que nossos clientes e funcionários desejam de nós, porque compartilhamos muitas metas com nossas empresas ou instituições e porque aprendemos com os departamentos e os colegas o que é necessário para ter sucesso. Esses relacionamentos se integram firmemente numa sólida rede que apóia valores semelhantes.

Clayton Christensen chama essas teias de *redes de valor*. Por esse termo, ele quer dizer "o contexto no qual uma empresa identifica e responde às necessidades dos clientes, resolve problemas, obtém insumos, reage à concorrência e procura obter lucro".[8] Nessa definição, os valores não têm qualquer relação com integridade ou moral. Christensen fala de alguma coisa muito mais pragmática. Nesse contexto, duas empresas compartilham os mesmos valores, quando, por exemplo, valorizam mais as vendas que o lucro, mais o design que a funcionalidade, mais o tamanho que a velocidade, e assim por diante.

Christensen estudou a rede de valores para diversas áreas de negócios e observou que, para ter sucesso, as empresas precisam desenvolver essas redes. Analisemos o mercado de discos rígidos, como fez Christensen em *Dilema da inovação*. Os discos rígidos sempre entram como componente em outro produto, como um computador de mesa ou um laptop. Isso significa que a empresa que produz os discos rígidos precisa estar muito afinada com a empresa que fabrica computadores. Quaisquer alterações nesse sistema exigem que todas as partes envolvidas se movam mais ou menos em sintonia. Isso inevitavelmente leva as empresas a desenvolver uma compreensão comum do que é importante ou valorizado. Por exemplo, as empresas que atuam numa rede de valor de laptops darão mais valor ao uso eficiente de energia e aos pequenos formatos do que as que atuam na rede de valor dos computadores de mesa. Esses valores condicionarão tudo o que acontece nessas organizações, desde a promoção de novas idéias até a alocação de recursos. Portanto, eles vão influenciar fortemente as pessoas que trabalham nelas.

"À medida que adquirem experiência dentro de determinada rede, as empresas provavelmente desenvolvem capacidades, estruturas organizacionais e culturas feitas sob medida para atender às exigências características de sua rede de valor", escreve Christensen. Nesse caso, as empresas desenvolvem práticas comerciais adequadas à necessidade de determinado cliente. Se os donos de motocicletas Harley-Davidson querem motos grandes e poderosas, os distribuidores de Harleys vão querer o mesmo, assim como os fornecedores e a própria Harley-Davidson. Portanto, a Harley vai contratar pessoas que gostem de motos grandes e elas desenvolverão uma cultura que prefere motos com essa característica, e a cultura vai promover idéias baseadas em motos que permaneçam dessa maneira.

Embora Christensen tenha focalizado principalmente as corporações, é fácil ver que essa lógica também se aplica a indivíduos. Assim como os fabricantes de discos rígidos, os indivíduos se tornam parte de redes mais amplas, construídas com base em relacionamentos entrelaçados. Para ter sucesso em um campo, as pessoas vão adquirir experiências específicas, estabelecer alianças e parcerias com outras e se alinhar com empresas, organizações ou instituições que apóiam os valores daquele campo. Isso claramente se aplica a alguém como Bonabeau, que trabalhou como engenheiro de pesquisa e desenvolvimento da France Telecom, uma organização grande e burocrática. Mas também se aplica a pessoas que acreditamos ter muito mais liberdade de trabalhar em diferentes tipos de projeto, como pesquisadores de universidades, empreendedores seriais e artistas.

Imagine como seria a rede de valor de um músico de relativo sucesso. Ele terá uma habilidade de tocar alguns instrumentos adquirida com dificuldade. Desenvolverá um excelente relacionamento com os membros de sua banda, com produtores e distribuidores – todos criando e vendendo determinado estilo musical. Juntos, eles estabelecerão contato com editores e executivos do meio musical e se relacionarão com donos de clubes e de casas de espetáculo. Essas são as pessoas que entendem sua música e podem promovê-la. Mais importante: o artista terá uma base de fãs estabelecida, pessoas nas quais ele pode confiar que comprarão novos CDs ou assistirão a shows. Todos esses indivíduos, empresas e clientes formam uma rede de valor relacionada com um tipo específico de música – e o artista está preso no meio dela. Sua situação não é necessariamente muito diferente da de uma grande corporação.

Para ter sucesso em um campo, são necessárias redes de valor. É por isso que nós as formamos e, como você pode ter imaginado, é onde todo o problema começa.

Por que temos de nos libertar das redes

Embora as redes de valor sejam essenciais para a inovação direcional, elas podem nos impedir de buscar com sucesso uma inovação intersecional. Christensen destacou as redes de valor como o principal vilão entre os motivos pelos quais as grandes empresas acabam por fracassar, aquelas "que têm as antenas competitivas ligadas, escutam astutamente os clientes e investem agressivamente em novas tecnologias".[9] Para ter sucesso em seu campo (que podem inclusive ter criado!), elas devem construir sólidas redes de valor. Infelizmente, essas redes trabalham ativamente contra o desejo dessas empresas de realizar idéias intersecionais. Com o tempo, isso acaba deixando as empresas vulneráveis a ataques de empresas emergentes, que podem inovar e superá-las.

Você se lembra da discussão sobre a indústria de animação no Capítulo 2? Com filmes como *Procurando Nemo* e *Monstros S.A.*, empresas como a Pixar utilizaram imagens geradas por computador para afetar drasticamente o mercado tradicional da animação em 2D. Voltando a esse exemplo, podemos ver que foi um caso clássico de estúdios de animação tradicional aprisionados em sua rede de valor.

Afinal, a produção de um longa-metragem de animação em 2D tradicional exige muita competência e mão-de-obra, e nesse campo a Walt Disney Company se destacava como líder desde os tempos de *Branca de Neve*. A animação tradicional era a alma da empresa – as pessoas contratadas eram treinadas nesse campo, as grandes decisões de investimentos eram tomadas levando isso em consideração e as organizações Disney foram construídas em torno disso. Mesmo nos anos 1990, essa imagem foi sustentada por filmes de animação tradicional de grande sucesso, como *A Bela e a Fera*, *Aladdin* e *O Rei Leão*.

Houve um momento, no entanto, em que a Disney se interessou por computação gráfica, e em 1982 ela se lançou à frente com o filme *Tron*. Embora tenha sido inovador na área de efeitos gerados por computador, *Tron* não teve um desempenho muito bom nas bilheterias. Mas a rede de valor da Disney exigia filmes de sucesso em larga escala. Para gerá-los, a empresa precisava de tecnologias mais apuradas, para gerar efeitos especiais mais interessantes, e de uma grande equipe que pudesse produzi-los. Como resultado da experiência com *Tron* e da limitação de recursos disponíveis para o gênero, a empresa concluiu que a incursão no campo da computação gráfica deveria ser interrompida. Lógico? Sim, mas somente porque o estúdio decidiu permanecer alinhado com sua rede de valor estabelecida.

Por outro lado, uma empresa livre de redes de valor instituídas poderia ver a situação de forma diferente. A Pixar foi formada quando Steve Jobs comprou a pequena unidade de computação gráfica da Lucasfilm e aplicou a tecnologia dela ao campo da animação. Embora a equipe ainda não estivesse pronta para produzir filmes de longa-metragem, encontrou mercados menores que poderiam se beneficiar de sua abordagem intersecional. Entre 1986, quando foi criada, e 1994, a Pixar só produziu curtas e comerciais.[10] Em contraposição, a rede de valor da Disney a teria impedido de buscar esse tipo de projeto.

Tendo entrado na Interseção, porém, a Pixar pôde melhorar sua inovação de forma direcional e avançar lentamente para outros mercados. Com o tempo, a tecnologia e o nível de competência se tornaram suficientemente bons para serem aplicados em filmes de animação de longa-metragem – e quando a empresa produziu um deles, o sucesso foi retumbante. O interessante é que a Disney decidiu associar-se com a Pixar para ter um pé na nova tecnologia. É claro que isso era muito mais fácil do que romper com a velha rede de valor. Porém, em 2004, quando a Pixar decidiu encerrar a parceria, a Disney teve de fazê-lo de qualquer maneira.

Um negócio terá muito mais dificuldade para perseguir uma idéia intersecional se estiver inserido numa rede de valor do que se tiver conseguido permanecer fora dela. O mesmo ocorre com uma pessoa. Vamos voltar por um momento a nosso músico. Digamos que esse artista tenha deixado de lado seu som habitual e tenha composto uma música que combina elementos de diversos campos diferentes. A música é diferente de tudo o que existe e poderia lançar um gênero inteiramente novo de artistas e sons. O que aconteceria se o artista tentasse buscar essa idéia?

Primeiro, ele, provavelmente, precisaria desenvolver algumas novas habilidades artísticas. Em seguida, talvez tivesse de deixar para trás os antigos membros da banda e procurar outros músicos capazes de executar esse novo tipo de música. Logo ele também perceberia que todas as suas relações com distribuidores, produtores, editores e executivos estão enraizadas no gênero anterior. Foram necessários anos para desenvolver essas relações. Quando procuradas, essas pessoas talvez não aceitem esse novo tipo de música. Então, quem aceitará? Bem, ele não sabe a resposta porque esse tipo de música ainda não existe. Finalmente, seus fãs, aqueles que compram os discos e vão aos shows, podem rejeitar o novo CD, dizendo que ele "perdeu a bossa" e esperando que ele volte rapidamente à música que sabe fazer e que eles apreciam. As vendas do novo disco podem ser terríveis, pelo menos em comparação com as gravações anteriores. Diante de tamanha falta de sucesso previsível e da contínua incerteza sobre o futuro, ele pode simplesmente abandonar o novo som e voltar ao que sabe que funciona. Todos nós enfrentamos desafios desse tipo quando executamos uma idéia intersecional.

Tanto as pessoas quanto as empresas em uma rede de valor terão processos e procedimentos estabelecidos que essencialmente matam quaisquer tentativas de se livrar dela. Novas idéias que não correspondem aos valores da rede tendem a ser eliminadas. É por isso que devemos nos livrar dessas redes se desejarmos entrar na Interseção com mais chance de sucesso. Foi o que Bonabeau fez. Ele deixou a France Telecom, foi para o Santa Fe Institute e criou relações com um novo conjunto de pesquisadores, instituições, parceiros e clientes de suas idéias. Ele teve sucesso na Interseção porque saiu de sua velha rede e construiu uma rede nova. Isso não é fácil, mas é possível, como mostrará o próximo capítulo.

CAPÍTULO **doze**

Como se livrar da sua rede

PINGÜINS E MEDITAÇÃO

EXISTE ALGUMA MANEIRA de evitar a necessidade de nos livrarmos das redes de valor estabelecidas quando entramos na Interseção? Sim, mas, antes de tudo, somente se elas não tiverem sido construídas por nós. Por exemplo, no início de sua carreira, você ainda não teve a chance de construir uma rede. Além disso, se você tiver uma carreira incrivelmente diversificada, em que vá rotineiramente de um campo para outro, pode ser que não tenha tido tempo suficiente para desenvolver redes consistentes.

No entanto, esse é um cenário muito raro. A maioria de nós construiu redes num campo estabelecido. Como escapar dessas redes que um dia nos foram tão úteis? As duas estratégias a seguir podem ajudar:

- Quebre a cadeia de dependência
- Prepare-se para brigar

Quebre a cadeia de dependência

A ÚNICA MANEIRA de se libertar com sucesso de sua velha rede de valor é deixar de contar com ela. Isso às vezes significa ter de deixar o emprego e se ligar a uma instituição que possa ajudá-lo a estabelecer rapidamente uma nova rede, como fez Eric Bonabeau Outras vezes significa ter de começar a construir novos relacionamentos praticamente do zero. Construir uma nova rede quer dizer estar preparado para encontrar novos colegas, novas organizações e novos compradores para suas idéias e produtos. Talvez sua reação imediata seja pensar que, se tiver de começar do zero, não será possível alcançar os concorrentes com vários anos de vantagem. Mas lembre-se: você não está tentando alcançar ninguém. Na interseção de campos não existem outros a alcançar ou, pelo menos, não muitos outros.

Algumas pessoas podem acreditar que abandonar as redes do passado equivale a perder a corrida. Mas, se você quiser maximizar suas chances na Interseção, a última coisa que vai querer é alienar seus aliados. Sua rede anterior não só deve conter grandes relacionamentos pessoais, mas poderá e provavelmente irá se provar muito útil no futuro. De fato, alguns aspectos da rede antiga possivelmente se tornarão parte da nova rede.

Muitas das pessoas neste livro conseguiram se libertar das redes de valor estabelecidas sem aliená-las. Deborah Prothrow-Stith, lembre-se, teve de deixar a rede de valor dos médicos para conectar a prevenção da violência com a área de saúde. Seu primeiro sucesso aconteceu quando ela desenvolveu um programa escolar, uma área aparentemente sem relação com hospitais. Porém, mais tarde, ela conseguiu reintegrar sua experiência com o trabalho hospitalar. Ela teve de se afastar de seu campo original para superar os fracassos, porém mais tarde foi capaz de restabelecer a conexão. Outra pessoa que anteriormente foi parte de uma rede de valor de médicos é Deepak Chopra. Hoje ele é conhecido como o pioneiro que uniu a medicina ocidental tradicional à medicina oriental alternativa.

Chopra entrou nessa interseção e nas duas últimas décadas combinou conceitos dos dois campos, produzindo uma imensidade de idéias ligadas à assistência médica. Como resultado, a revista *Time* o considerou um dos cem maiores heróis e ícones do século XX e o ex-presidente soviético Mikhail Gorbatchov o definiu como "um dos filósofos mais lúcidos e inspirados de nosso tempo".[1]

Eu o encontrei exatamente quando ele estava se preparando para uma viagem de um mês à Índia.[2] Chopra fala como um filósofo. Diz coisas como: "A natureza, em sua totalidade sem falhas, é inerentemente criativa." Enquanto conversávamos, ficou claro que ele pensava profundamente sobre criatividade e inovação. Deepak Chopra estivera profundamente preso num campo muito tradicional da medicina: a endocrinologia. Nos anos 1980, trabalhara como chefe de equipe do New England Memorial Hospital e mais tarde formou uma clientela como endocrinologista. Naquela época, Chopra engolia café pela manhã, fumava e à noite tomava uísque para relaxar.

Houve um momento, nos anos 1980, em que ele começou a suspeitar que estava perdendo alguma coisa muito importante na compreensão da saúde humana. Isso aconteceu, conta ele, "quando comecei a observar coisas que não podiam ser explicadas teoricamente. Você começa a reconhecer que a teoria está cheia de furos". Para Chopra, era óbvio que as intervenções médicas não podiam explicar as diferenças na maneira como as pessoas se recuperam de doenças. "Dois pacientes com a mesma doença recebem o mesmo tratamento, mas têm resultados diferentes", declara, ou "cem pessoas estão com os mesmos agentes patogênicos, mas somente uma fica doente, as outras não", prossegue. Ele sentiu que havia outras coisas em jogo para explicar essas diferenças. Por exemplo, se cuidarmos de nossa saúde mental, além do bem-estar físico, seremos mais saudáveis. Uma combinação de alimentação correta com meditação, por exemplo, pode ter efeitos positivos na saúde. Chopra tinha certeza de que, se combinasse essa visão "alternativa" do atendimento médico com os avanços tecnológicos da medicina ocidental, poderíamos fazer grandes avanços. Ele também suspeitava de que o campo tradicional da medicina estava encobrindo essas observações. Por fim, concluiu que tinha mais coisas a aprender: "Percebi que a educação que eu recebera era incompleta. Que o ponto de vista tradicional não explica tudo."

Chopra começou a publicar suas observações, mas suas conclusões não foram bem recebidas pela comunidade médica estabelecida. "Na época eu estava ensinando e percebi que meus companheiros ficavam envergonhados por minha causa, então eu me demiti." Não foi uma decisão fácil. "Eu não sabia de onde viria meu dinheiro, mas sentia grande entusiasmo pelo desconhecido. Muitas vezes, dava dois passos para a frente e um para trás. Quando comecei, as pessoas pensaram que eu estava numa via secundária. Acharam que eu estava completamente maluco." Mas Chopra estava disposto a arriscar sua reputação. "É o princípio mais importante da criatividade: você precisa se arriscar. Toda a criatividade está no desconhecido, não no que é conhecido."

Hoje, depois de 36 livros, ele é reconhecido como um dos maiores líderes no campo da medicina mente-corpo. Em 1995, fundou o Chopra Center for Well Being, em La Jolla, na Califórnia, e a partir dali tem exercido impacto sobre todo o mundo.[3] Embora sua carreira tenha tido uma dose de controvérsia, não há dúvida de que suas percepções abriram caminho para um novo campo, centrado na interseção da medicina tradicional ocidental e da medicina oriental alternativa.[4]

Embora Deepak Chopra tenha deixado de contar com sua antiga rede, ele não a alienou. As mesmas instituições que o rejeitaram no passado agora o recebem bem: "Uma vez por ano, faço uma palestra de destaque na conferência da Harvard Medical School. Acabei de fazer uma palestra em dezembro", revela, rindo um pouco. Ele admite ter certa satisfação com o que conquistou superando a descrença inicial. E acrescenta: "Sabe, foram necessários 15 anos, mas agora os cursos oferecidos [pelo Chopra Center for Well Being] têm o crédito da AMA [American Medical Association]. Hoje, até o NIH [National Institutes of Health] apóia a pesquisa nesse campo."

Assim como Chopra, as pessoas que encontramos neste livro conseguiram se libertar de suas redes de valor. Marcus Samuelsson, por exemplo, dispensou a maioria dos chefes de cozinha do Aquavit quando precisou começar do zero a exploração de uma nova culinária; Richard Garfield abandonou o emprego e a carreira de professor de matemática para concretizar suas idéias sobre o Magic; e Håkan Lans nunca se prende por muito tempo a uma empresa, idéia ou indústria. O mesmo se aplica às corporações. Empresas estabelecidas podem ter de criar divisões independentes ou mesmo se basear em entidades para romper com suas redes. Olhe bem a seu redor e tente identificar as coisas que, ao longo dos anos, se tornaram cruciais em sua rede de valor. Não estou sugerindo que você abandone essas coisas, mas, se quiser entrar na Interseção, precisa deixar de depender delas.

Prepare-se para brigar

Quando você entra na interseção de domínios, disciplinas ou culturas, deve estar preparado para uma batalha. A luta pode ocorrer em muitos níveis. As pessoas podem não acreditar no que você está fazendo e deixar suas dúvidas muito claras. Às vezes, uma idéia intersecional pode ameaçar um campo estabelecido; os integrantes daquele campo naturalmente farão o possível para impedir que sua idéia se torne uma inovação consagrada. Para sair de sua rede e começar a construir uma nova rede, você terá de enfrentar os desafios representados pelos que estão naqueles campos estabelecidos. Håkan Lans enfrentou muitas vezes grandes corporações e inúmeras pessoas envolvidas nos campos que deixou para trás. Deborah Prothrow-Stith e Deepak Chopra tiveram de fazer o mesmo. O mesmo aconteceu com outro inovador: um hacker de cabelos louros e autodidata chamado Linus Torvalds.

Torvalds não tinha a menor intenção de, aos 21 anos, desafiar o sistema. Mas o fez, ou pelo menos suas idéias o fizeram. E o engraçado é que não foi algo intencional – simplesmente aconteceu. Torvalds criou um sistema operacional chamado Linux, que hoje é um dos que mais crescem no mundo. O Linux é uma combinação de dois conceitos: um sistema operacional que pode ser expandido e um modelo de direito autoral em "código aberto". O código aberto era equivalente ao "amor livre" para os hackers no início dos anos 1990. Essencialmente, isso significava que qualquer um podia usar o Linux, desde que não o vendesse, e qualquer um estava autorizado a melhorar o sistema, desde que contasse ao mundo as melhorias que tinha introduzido. Um direito autoral como esse estimulou outros hackers a alterar e aprimorar o Linux. No início, esse grupo de pessoas que desenvolviam o software tinha apenas algumas dezenas de membros. Mas o número cresceu muito mais do que Torvalds poderia ter imaginado. Hoje, "o pingüim", que é o logotipo do Linux, tem centenas de milhares de seguidores.[5]

Imagine essa quantidade de pessoas testando e aprimorando um produto. Mais cedo ou mais tarde, o produto terá de se tornar muito bom. Foi exatamente o que aconteceu. Nos primeiros anos, quando Torvalds lançava versões do Linux, este era instável, não funcionava na maioria dos computadores e podia até destruir o disco rígido de alguém. Mas isso acabou: hoje, muitas das quinhentas empresas mais lucrativas da lista da *Fortune* usam o Linux porque ele é mais rápido e mais barato do que as alternativas existentes.[6]

Em 1991, quando lançou a primeira versão do Linux, Torvalds causou uma grande sensação na comunidade que desenvolvia sistemas. Um membro desse mundo, no entanto, não ficou muito feliz – o professor universitário Andrew Tanenbaum, na Holanda. Ele era o rei dos sistemas operacionais. Havia desenvolvido o minix, um sistema operacional subitamente ameaçado de extinção pelo Linux. Não demorou para Tanenbaum se opor publicamente ao Linux:

> *Como resultado de meu trabalho, acho que sei alguma coisa sobre para onde os sistemas operacionais estarão indo na próxima década (...) Esse é um passo gigantesco de volta aos anos 1970 (...) Agradeça por não ser meu aluno. Você não teria uma nota alta com esse projeto :-)*

Mas Torvalds se recusou a ceder e rebateu essa crítica específica. Ele acrescentou algumas linhas que se tornaram parte da lenda da Internet desde os primeiros dias do Linux:

> *Seu trabalho é ser professor e pesquisador: isso é uma excelente desculpa para algumas das lesões cerebrais do minix.*

Esse tipo de discussão pública continuou por mais um ou dois rounds, já que nenhum dos dois desistiu. Em determinado momento, Tanenbaum afirmou: "O Linux está obsoleto."[7]

Para Torvalds, esse foi o pior momento de todo o projeto. O professor Tanenbaum havia atacado publicamente sua "incompetência". Mas Torvalds retrucou. No fim, manteve-se firme. Essa batalha foi uma prática valiosa, porque, na década seguinte, muitas empresas poderosas e indivíduos desafiaram o Linux. Torvalds lutou contra as primeiras opiniões contrárias e, mais tarde, contra corporações como a Microsoft. Talvez seus confrontos nunca cheguem a esse extremo, mas você deve estar preparado para combater aqueles que duvidarem ou temerem suas explorações na Interseção. Caso contrário, você também poderá ter de se resignar a ficar em seu campo estabelecido.

Eu percebi finalmente aonde o Linux chegou quando, na contracapa da *Economist*, esbarrei com um anúncio da Oracle, um dos maiores concorrentes da Microsoft. "Linux inquebrável", dizia o anúncio, seguido de: "Todo mundo sabe que o Linux custa menos. Agora ele está mais rápido e mais confiável também." Isso é incrível, pensei. De utopia de um hacker a empresa de prestígio em menos de dez anos.

A peça que falta

TODOS OS CONSELHOS DADOS até agora – abandonar seu campo, deixar de depender de suas redes, preparar-se para a luta – exigem algo com que a maioria de nós se sente desconfortável: a capacidade de conviver com o risco. E se você deseja transformar sua idéia intersecional em inovação, é essencial assumir riscos. Como ter coragem de abandonar uma rede estabelecida? De perseverar, apesar dos fracassos? Essa é a peça que falta para executar as idéias da Interseção, e vamos explorá-la no próximo capítulo.

CAPÍTULO treze

Assuma riscos e supere o medo

AVIÕES E EMPREENDEDORES SERIAIS

Em 1984, Richard Branson havia conseguido fazer de sua gravadora, a Virgin Music, uma empresa líder no mercado fonográfico, com mais de 11 milhões de libras esterlinas de lucro.[1] Em fevereiro daquele ano, um advogado americano chamado Randolph Fields perguntou a Branson se ele estaria interessado em se associar a ele para abrir uma companhia aérea transatlântica. A maioria das pessoas, provavelmente, coçaria a cabeça, imaginando por que alguém pensaria que um executivo de gravadora faria uma coisa dessas. Branson, porém, ficou fascinado com a idéia e imediatamente realizou a pesquisa de mercado a seguir.

Primeiro, ele telefonou para o escritório de reservas da People Express, uma empresa aérea que oferecia passagens baratas para vôos entre Londres e Nova York. A linha estava ocupada e ele não conseguiu falar com um atendente, apesar de ter tentado durante todo o fim de semana. Branson concluiu que a empresa ou tinha uma gerência desastrosa – e, nesse caso, poderia facilmente ser vencida pela concorrência – ou tinha mais clientes do que podia atender e, nesse caso, haveria espaço para mais um concorrente. No dia seguinte, ele procurou a Boeing para ver se seria possível alugar um jumbo por um ano, desde que pudesse devolvê-lo se a empresa aérea não desse certo. Depois de Branson passar um dia indo e voltando de um gerente a outro, a Boeing finalmente concordou. Armado com essa análise "detalhada", ele chamou seus sócios:

– O que vocês acham de criar uma empresa aérea? Tenho aqui uma proposta...

– Pelo amor de Deus! Você está maluco. Sai dessa!

– Estou falando sério.

– Não pode estar. Você está maluco!

Seis meses mais tarde, a Virgin Atlantic fez seu primeiro vôo de Londres a Nova York. Branson foi em frente, fazendo de sua companhia aérea um enorme sucesso, agora com vôos para cidades em todo o mundo. Dezenas de milhares de pessoas sabiam mais sobre aviões, empresas aéreas e viagens do que Richard Branson. O que deu a ele a segurança para enfrentá-las? Sua pesquisa de mercado consistiu em dois telefonemas, e um deles nem sequer foi atendido! Por que alguém como Branson tem a coragem de fazer o que outros, com muito mais chances de sucesso, não têm? Acontece que ele enxergou uma conexão entre a maneira como a Virgin dirigia seu negócio de música e a maneira como poderia dirigir uma companhia aérea (excelente atendimento ao usuário). Nenhum outro executivo da área de entretenimento disposto a diversificar viu essa conexão; mas, mesmo que tivesse visto, teria tido a coragem de realizá-la?

É senso comum que as ousadas iniciativas de Branson têm algo a ver com a pessoa que ele é. Fazem parte do modo como a cabeça dele funciona. Para ele, assumir grandes riscos é como respirar; é um comportamento que possivelmente está em seus genes. Essa idéia sugere que não podemos aprender muita coisa com a maneira como Richard Branson enfrenta riscos. Tudo o que podemos fazer é olhar, dar de ombros, balançar a cabeça diante da loucura dele e então voltar para nosso próprio negócio. Calma.

As brincadeiras de Branson não são tão loucas quanto parecem. Estudando pessoas como ele, podemos chegar a algumas pistas importantes sobre como enfrentar nossos temores na interseção de campos.

Riscos e temores na Interseção

EMBARCAR EM QUALQUER AVENTURA é algo que implica certo grau de risco. Existe alguma razão para acreditarmos que o que está em jogo na busca de idéias intersecionais é diferente na busca de idéias direcionais? Existe, e as diferenças podem ser significativas.

Em primeiro lugar, a Interseção é um território desconhecido, no qual não podemos aplicar com facilidade conhecimentos e experiências anteriores. Dentro de um campo estabelecido, podemos estimar nossas chances de desenvolver um novo mercado, escrever outro livro de suspense ou identificar uma nova seqüência de genes. Como mencionei no Capítulo 9, fracasso nesse caso significa que, mesmo não tendo cumprido nossas expectativas, pelo menos percorremos parte do caminho. Por exemplo, talvez as vendas não tenham sido tão boas quanto esperávamos, mas pelo menos vendemos alguma coisa; pode ter sido necessário mais tempo do que imaginávamos para desenvolver uma tecnologia específica, mas pelo menos estamos chegando lá. De um jeito ou de outro, geralmente progredimos na direção desejada.

Na Interseção, porém, o fracasso pode significar que uma idéia não funciona de jeito nenhum. Aqui, o fracasso pode ser completo. Seria realmente possível usar o comportamento de uma colônia de formigas para tornar as telecomunicações mais eficientes – ou isso seria apenas uma gigantesca perda de tempo? E o jogo de cartas negociáveis de Richard Garfield – será que alguém o compraria? Ninguém sabia a resposta, já que ninguém havia jogado algo semelhante antes. A incerteza é suficiente para intimidar muitos potenciais caçadores intersecionais.

Além disso, por causa de algo chamado falha admissível, as expectativas da sociedade podem fazer com que os riscos percebidos na Interseção pareçam muito maiores do que os associados a idéias direcionais. O risco que as pessoas tendem a temer mais não é a perda financeira nem a perda de tempo. Em vez disso, é o que ameaça o orgulho, o status, o prestígio, o que nossos companheiros vão pensar se fracassarmos.[2] Em outras palavras, o risco de fracasso pode pesar mais do que aquilo que está em risco. Nesse aspecto, a Interseção, por ser um território desconhecido, tem enorme desvantagem quando comparada à ação num campo já aceito de maneira geral. Se agirmos de uma forma considerada correta, nossa reputação vai sofrer muito pouco se não conseguirmos completar o percurso. Por outro lado, se avançarmos por um caminho menos compreendido e falharmos, talvez seja mais difícil superar a culpa, porque seremos duramente julgados. O estigma do fracasso pode ser devastador. John Maynard Keynes, economista e "filósofo mundano", resume a questão: "É melhor fracassar de forma convencional que ter sucesso de forma não-convencional."

Embora as provas sejam principalmente baseadas em relatos, parece haver uma ligação clara entre o estigma de fracasso de uma sociedade específica e a correspondente quantidade de atividade empreendedora. Fracassar nos negócios na Europa ou na Ásia é algo que tem repercussões piores do que fracassar nos Estados Unidos. De acordo com um relatório da Comissão Européia, na Europa e na Ásia, pode resultar não só em graves conseqüências financeiras, como também ser "considerado um 'perdedor' por seus colegas".[3] Nos EUA, porém, o fracasso nos empreendimentos freqüentemente é considerado aceitável. Contudo, mesmo nos Estados Unidos, quando o estigma de fracasso é uma possibilidade, pode levar os indivíduos a se prender a idéias erradas ou a negócios incertos por mais tempo que o necessário, tão-somente para evitar o rótulo de perdedor. Infelizmente, esse comportamento reduz a probabilidade de gerar e perseguir outras idéias revolucionárias. Assim, o medo do fracasso na Interseção pode ser forte. Como superá-lo?

Uma estratégia do senso comum da qual às vezes ouço falar é que devemos minimizar os riscos envolvidos. Imaginamos que uma forma de minimizar os riscos seria reunir mais recursos que o necessário para executar um projeto. Se tivermos mais dinheiro, mais tempo, mais contatos, mais tudo, poderemos minimizar o risco de fracasso. Mas essa idéia é justificada? É assim que funcionam os riscos, os temores e a coragem?

Como a coragem intersecional funciona

Howard Berke é um dos fundadores e diretor da Konarka, uma empresa de tecnologia fotoelétrica que adota novas técnicas químicas para converter luz em eletricidade por meio de baterias solares.[4] Em resumo, a Konarka é uma empresa situada na interseção da energia e da química. A essa altura, não devemos nos surpreender com o fato de nenhum dos fundadores ter a menor experiência na área de energia. Berke, certamente, não tem; nem o co-fundador Allen Heeger, ganhador do Prêmio Nobel de Química de 2000. Mas não causa certa surpresa saber que Berke não parece preocupado com o fato de as empresas de energia solar terem uma história de fracasso incrivelmente longa?[5]

A Konarka não apenas corre o risco de não vender seus produtos – essa é uma aposta que todas as empresas fazem –, como também, de acordo com Berke, encara "um enorme risco tecnológico". Em outras palavras, existe o risco de que sua tecnologia não funcione. "Mas isso não é motivo para parar. Muitas pessoas se tornam prisioneiras do medo do fracasso", assinala ele, acrescentando, com naturalidade: "Se a empresa fracassar... bem, então eu simplesmente vou ter que começar outra."

Howard Berke, um homem de fala macia, mas determinado, montou outra empresa antes da Konarka. Na verdade, desde o início dos anos 1980 ele fundou ou participou da fundação de 12 empresas e se envolveu em muitas outras. O termo "empreendedor serial" nem chega perto de descrever sua experiência. Quando pergunto o que aconteceu a todas essas empresas, ele diz: "Vejamos. Três delas abriram o capital, portanto acho que você pode dizer que tiveram bastante sucesso. Três delas tiveram um sucesso moderado e outras três tiveram um sucesso mínimo. Outra foi claramente uma decepção e duas, bem, é muito cedo para dizer." Berke demonstra uma paixão evidente por qualquer projeto sobre o qual esteja falando. O que ele mais gosta é de uma empresa tão pequena que os funcionários sequer possam "dividir uma pizza grande". Os índices de desempenho de Berke são impressionantes, e podem ser resultado, em parte, de sua busca de idéias na Interseção e de sua habilidade para evitar as armadilhas que a maioria das pessoas enfrenta ali.

"Cada empresa que fundei estava na interseção de pelo menos duas indústrias. Isso é uma estratégia deliberada; é assim que você inova." A trilha começou há mais de vinte anos com a ADAC Laboratories, empresa que ele não fundou, mas na qual ingressou no início. "Fornecíamos imagem digital para diagnóstico médico," diz Berke. Hoje isso não é novidade, mas na época poucos fizeram a conexão. Desde então, ele tem "convivido com gênios" de diferentes disciplinas. Embora os gênios não compreendam tão bem a interseção de suas idéias com outros campos, Berke compreende. "Fico fazendo perguntas a eles. Como é isso? Como é aquilo? Mais cedo ou mais tarde, encontramos alguma coisa que funciona." Suas empresas abrangem uma ampla gama de áreas: equipamentos médicos, assistência médica, biotecnologia, programas de computador, tecnologia energética, comunicações e biscoitos – daqueles que vão ao forno. "Eu não entendo nada de biscoitos", admite Berke. "Então, estou fazendo um monte de coisas que nunca fiz antes. É fantástico."

Ele está bastante consciente dos riscos envolvidos quando se atua na interseção de dois campos. "Se você identifica uma confluência entre duas indústrias, isso pode formar a base de uma nova indústria", afirma, "mas há riscos nisso. O risco é que você pode estar certo, mas encontrar-se adiantado. O perigo é aqueles campos terem uma interseção, mas só daqui a dez anos. Você chega a esse lugar que chama de Interseção, mas não há mais ninguém na festa." Berke não se importa com esses riscos. Na verdade, parece gostar muito deles. Vê pouco sentido em criar uma empresa que faça alguma coisa que os negócios estabelecidos já fazem. Em vez disso, ele é motivado pela oportunidade de inovar. "Dessa forma, pelo menos você tem uma *chance* de ser uma empresa revolucionária", afirma.

Embora Howard Berke seja um exemplo perfeito de como a coragem intersecional funciona, uma coisa fica muito clara rapidamente: ele pode estar fazendo muitas coisas diferentes, mas nenhuma delas para minimizar os riscos. Apesar de podermos partir do princípio de que mais recursos aumentarão as chances de sucesso, ele acredita no contrário. Não, ele não parece buscar idéias intersecionais, nem qualquer outra coisa, minimizando riscos. Você talvez se surpreenda ao saber que provavelmente também não faz isso.

As pessoas não minimizam riscos

Os seres humanos têm uma tendência básica a viver com certo nível de risco "aceitável". Esse nível é diferente em cada indivíduo, e muda de acordo com a fase da vida, mas todos temos um nível que consideramos confortável. Gerald Wilde, psicólogo canadense e um dos maiores especialistas em risco, dá a essa tendência o nome de *homeostase do risco*. Em poucas palavras, a homeostase do risco diz que as pessoas compensam riscos maiores assumidos em uma área da vida assumindo riscos menores em outra.[6]

Imagine, por exemplo, que você esteja dirigindo e entre numa parte perigosa da estrada, cheia de curvas fechadas e mal iluminada. Naturalmente, você diminuirá a velocidade para compensar os novos perigos. Por outro lado, quando sair desse trecho perigoso e encontrar pistas mais largas, mais retas e bem iluminadas, você aumentará a velocidade de novo. Esse padrão comportamental faz tanto sentido que não pode sequer ser questionado. Mas as implicações desse comportamento são tudo, menos intuitivas. Elas sugerem que pouco adiantam os esforços que fazemos para diminuir os riscos ao nosso redor, como construir estradas mais seguras, porque, para compensar, nosso comportamento se torna mais arriscado.

Essa foi a conclusão de um famoso estudo realizado em Munique, na Alemanha, no qual os pesquisadores instalaram sistemas de freio ABS em metade dos carros de uma frota de táxis, mas não alteraram a outra metade. Os motoristas foram então monitorados secretamente durante três anos, por meio de sensores ocultos. A vantagem do ABS é que ele dá ao motorista um controle muito maior sobre o carro. Ele não deixa as rodas travarem em condições de frenagem extrema e facilita o controle da direção quando o carro está sendo freado. Seria de se esperar que um sistema de freios como esse levasse a um número menor de acidentes. Mas isso não aconteceu. Os motoristas com freios ABS tiveram o mesmo índice de acidentes que os outros, principalmente porque dirigiram de forma mais agressiva, frearam bruscamente, aceleraram mais, mudaram de pista e fizeram curvas fechadas.[7]

Isso parece contrariar um pouco a lógica. A homeostase do risco indica que muitos dos esforços que fazemos para salvar vidas na verdade não alcançam seu objetivo. Gerald Wilde estudou os acidentes de trânsito porque as estatísticas são bem-feitas, e descobriu os mesmos padrões onde quer que fosse. Os estudantes que participavam dos programas de educação de motoristas mais elaborados e modernos ainda provocavam o mesmo número de acidentes daqueles com treinamento mínimo, porque os motoristas menos hábeis assumem menos riscos na estrada. Cruzamentos com faixas para pedestres não diminuem o índice de acidentes na travessia da rua, provavelmente porque as faixas dão aos pedestres "um falso sentimento de segurança de que os motoristas poderão e sempre irão parar", de acordo com as conclusões de diversos relatórios sobre o assunto.

Todos nós sabemos que o uso do cinto de segurança torna muito maior a probabilidade de sobreviver a um acidente. Mas isso não salvará vidas se não mudarmos também nosso comportamento na direção quando usarmos o cinto. Digamos que você esteja dirigindo um carro sem o cinto de segurança – você dirigiria com mais cuidado? A maioria das pessoas sim. Isso, naturalmente, equivale a dizer que vamos dirigir com menos cuidado se usarmos os cintos de segurança – um fato comprovado pela pesquisa. A homeostase do risco nos afeta de forma imprevisível. Por exemplo, quando começaram a serem utilizadas tampas à prova de crianças nos vidros de medicamentos, houve um aumento significativo do número de envenenamentos de crianças porque os pais passaram a ter menos cuidado em manter os vidros fora do alcance delas. Como isso nos afeta na Interseção?

Comece com recursos suficientes, mas não mais que isso

ANTES DE MAIS NADA, a homeostase do risco explica por que a idéia de minimizar riscos na Interseção não é uma estratégia viável. Imaginamos que mais dinheiro, mais tempo, mais experiência ou contatos melhores são variáveis que podem ajudar a realizar uma idéia intersecional. Esses recursos ajudam, obviamente, mas não necessariamente diminuindo o risco de fracasso. São fatores que podem nos ajudar *naquilo* que podemos realizar, mas não aumentam as *chances* de sucesso, já que com mais recursos vamos tentar realizar mais.

Em outras palavras, mais dinheiro leva a mais despesas. Ter mais tempo significa usar mais tempo. Ter mais experiência ou melhores contatos significa apoiar-se mais neles para fazer as coisas. Não estamos falando de desperdiçar tempo, dinheiro ou contatos, mas de tentar fazer mais com a quantidade que temos. Ao tentarmos fazer mais, vamos aos poucos aumentando o risco de fracasso, até atingirmos um nível com o qual nos sentimos subconscientemente confortáveis.

O que isso nos diz, do ponto de vista do fracasso, é que no fim das contas isso não vai fazer muita diferença quando você decidir entrar na Interseção. Depois de conseguir chegar ao limite mínimo dos recursos – o que Berke chama de "quantidade mínima necessária para dar início à sua idéia" –, você deve começar a explorar a Interseção. Não vale a pena esperar. Conseguir mais não vai diminuir o risco de fracasso. Richard Branson, por exemplo, calculou que precisaria de um avião da Boeing e de um ano para verificar se a idéia de uma empresa aérea poderia funcionar. Ele não tinha qualquer experiência em dirigir uma empresa aérea, o que teoricamente aumentava os riscos, mas podia trabalhar mais para compensar esse fato, o que, por sua vez, diminuiria os riscos. Consiga os recursos necessários (o suficiente para algumas tentativas, como vimos no Capítulo 10), mas não mais que isso.

O segredo de Berke e Branson

Se minimizar os riscos não é o segredo por trás da capacidade de Berke e Branson de enfrentar medo, o que é? Eles simplesmente ignoram seus temores e vão em frente? Esse também não parece ser o caso. Se você prestar bastante atenção ao que eles dizem, torna-se claro que eles não exatamente desprezam o medo do fracasso. Pelo contrário, aparentemente aceitam que o fracasso faz parte da inovação e por essa razão são capazes de aceitá-lo de alguma maneira. Desse modo, o que os capacita a aceitar esses riscos?

Eles são especiais porque conhecem um segredo que eu venho revelando ao longo deste livro. O segredo é: se você quer criar algo revolucionário, vá para a Interseção. Ela representa a melhor chance de inovar, graças à explosão de combinações excepcionais de conceitos. Ela oferece grande vantagem numérica quando se buscam idéias novas. Em outras palavras, a Interseção é uma solução de baixo risco para explorar territórios novos.

Pessoas como Berke e Branson sabem disso. Evitaram, portanto, as armadilhas humanas que geralmente cercam o ato de assumir riscos porque essas armadilhas nos convencem a não buscar idéias intersecionais e nos incentivam a permanecer restritos a nosso campo. Branson e Berke adotaram uma visão mais equilibrada sobre o risco na Interseção. Como você verá, é possível fazer o mesmo.

CAPÍTULO quatorze

Como adotar uma visão equilibrada do risco

ELEFANTES E EPIDEMIAS

NÓS, SERES HUMANOS, não somos exatamente racionais quando pensamos sobre o risco. As emoções, especialmente o medo, desempenham um papel importante em nossa percepção de possíveis perdas em oposição a possíveis ganhos. Precisamos compreender mais esse aspecto da psicologia humana se quisermos entender como se comportam pessoas como Richard Branson e Howard Berke quando enfrentam os riscos da Interseção. Como elas encontram a coragem que outros parecem não ter? E como podemos imitar esse comportamento? Podemos adotar pelo menos duas estratégias diferentes:

- Evitar as armadilhas comportamentais relacionadas ao risco
- Admitir o risco e o medo

Evite as armadilhas comportamentais relacionadas ao risco

"Não queremos criar um ambiente abertamente avesso ao risco", disse Carly Fiorina, diretora-executiva da Hewlett-Packard, em entrevista a um repórter da *Fortune*, "porque negócios implicam risco. Trata-se de assumir riscos prudentes, calculados, mas não se fazem negócios a menos que as pessoas assumam alguns riscos."[1]

E como seria uma abordagem de risco calculada? Esta é uma pergunta bastante direta. Se lhe oferecessem uma chance de 80 por cento de ganhar 10 mil dólares e outra de 50 por cento de ganhar a mesma quantia, qual delas você escolheria? A resposta é óbvia – você apostaria na maior probabilidade de ganhar dinheiro. Basicamente, uma abordagem calculada é apostar na maior chance de ganhar (e ganhar mais). Simples, não é?

Sim, na teoria. Mas a vida real não é assim. Em primeiro lugar, geralmente é difícil calcular com precisão as chances de sucesso ou fracasso. Na Interseção isso é impossível. Em segundo lugar, não é tão fácil definir ganhos e perdas quando isso envolve mais do que apenas dinheiro: fatores como status, felicidade e reputação. Finalmente, mesmo se levarmos em conta tudo isso, nossas emoções estragam completamente a maneira como fazemos escolhas diante do risco e do medo. Ou seja, mesmo que saibamos *precisamente* quais são as chances e os resultados, tendemos a tomar decisões irracionais, freqüentemente baseadas em emoções relacionadas ao medo. Essas emoções podem afetar todo mundo, mesmo quando estamos conscientes do que está acontecendo. Peter Bernstein, autor de *Desafio aos deuses: a fascinante história do risco*, apresenta em seu livro um exemplo brilhante desse tipo de comportamento:

Numa noite de inverno, durante um dos muitos ataques aéreos alemães a Moscou na Segunda Guerra Mundial, um ilustre professor de estatística soviético entrou no abrigo antiaéreo local. Ele nunca tinha aparecido por lá. "Moscou tem sete milhões de habitantes", costumava dizer. "Por que eu deveria esperar que eles acertassem em mim?" Seus amigos ficaram admirados ao vê-lo e perguntaram o que acontecera para fazê-lo mudar de idéia. "Vejam", explicou ele, "Moscou tem sete milhões de habitantes e um elefante. Na noite passada, eles acertaram o elefante."[2]

O especialista em estatística dessa história sabia que as chances de ser atingido eram remotas. No entanto, como algo aparentemente improvável acontecera na noite anterior, suas emoções pesaram mais do que seu cálculo frio e racional. Portanto, parece difícil conseguir uma abordagem baseada puramente no cálculo quando se trata de pesar os riscos e reagir a eles. As idiossincrasias emocionais humanas interferem. Essas mesmas emoções tornam mais difícil inovar na interseção de disciplinas e culturas. Nossas idiossincrasias nos empurram em direção da inovação direcional e para longe da inovação intersecional, *mesmo que os riscos das duas abordagens sejam os mesmos.*

Porém, se entendermos de onde vem nosso medo do fracasso, podemos combatê-lo. Para isso, vamos mergulhar profundamente no mundo sutil e estranho das incoerências psicológicas humanas. Vamos descobrir o que nos aprisiona dentro de um campo e o que precisamos fazer para alcançar uma visão equilibrada dos riscos envolvidos.

ARMADILHA 1: SE TUDO VAI BEM, PERMANECEMOS NO CAMPO

Imagine por um momento que você seja forçado a fazer a seguinte escolha:

Ou paga 3 mil dólares ou aceita uma aposta com um risco de 80 por cento de pagar 4 mil dólares e uma chance de 20 por cento de não pagar nada.[3]

Você apostaria na possibilidade de não pagar nada? A maioria das pessoas faria isso. Noventa e dois por cento dos entrevistados de uma experiência afirmaram que se arriscariam a pagar 4 mil dólares se tivessem a chance de não pagar nada. Isso parece curioso, considerando que nessa aposta a expectativa matemática de perda é de 3.200 dólares (80% x 4 mil dólares = 3.200 dólares), 200 dólares a mais do que na perda garantida. Esses resultados contrariam uma crença comum de que a maioria das pessoas evita o risco. Nesse tipo de situação, constata-se que a grande maioria das pessoas aceita o risco. Mas o que acontece quando a pergunta é invertida?

Ou você recebe 3 mil dólares ou tem de aceitar uma aposta com 80 por cento de chance de ganhar 4 mil dólares e 20 por cento de probabilidade de não ganhar nada.

Nessas circunstâncias, numa surpreendente inversão de valores, a maioria das pessoas prefere não apostar. Em vez disso, 80 por cento dos entrevistados optaram pelo dinheiro seguro. De repente, deixamos de receber bem o risco e passamos a evitá-lo, embora na aposta a expectativa matemática de ganho seja de 3.200 dólares. Como podemos explicar essa inversão?

Os dois psicólogos que realizaram esses estudos, Daniel Kahneman e Amos Tversky, formularam uma teoria para explicar essas observações, a *teoria da perspectiva*.[4] Essa teoria sugere que não é que detestemos a incerteza, mas sim que tememos a perda. Não é muito fácil ver como as circunstâncias de nossa vida podem melhorar instantaneamente, mas é fácil ver como podem rapidamente piorar muito.[5] Por essa razão, nos dispomos a apostar, evitando uma perda certa (de dinheiro), como no primeiro exemplo. A perda é mais expressiva que o ganho. É mais fácil de imaginar, mais dolorosa. E nós a tememos.

Nossas reações irracionais à possibilidade de perda podem ser facilmente observadas fora do laboratório. O exemplo óbvio é o mercado de ações. Quando o valor de uma ação aumenta, nossa tendência é vendê-la para assegurar um ganho. Mas, quando o valor da ação cai, é mais provável que procuremos mantê-la, esperando uma inversão da tendência. Isso não é válido somente para investidores amadores, também se aplica aos profissionais. O problema aqui é que, se nos arriscarmos somente quando temos algo a perder e ficarmos do lado seguro quando temos algo a ganhar, a longo prazo vamos perder.

Tenho um amigo, Martin, que é jogador de pôquer experiente. Ele também é (geralmente) um ganhador nesse jogo. Quando lhe perguntei como consegue isso, ele respondeu: "Está bem, isso não tem muito a ver com estudar os outros jogadores na mesa e descobrir se estão blefando ou não. Isso pode ajudar, mas não é a chave para vencer. A chave para vencer é manter a disciplina. Assegurar uma aposta alta quando se dispõe de boas cartas e baixa quando não se tem. Trata-se de ganhar mais quando se ganha e perder menos quando se perde." Martin observou inúmeras vezes que as pessoas fazem apostas mais arriscadas quando as chances não são boas, mas se contentam com apenas uma vitória quando as coisas vão bem. Essas são as pessoas que acabam perdendo dinheiro a longo prazo.

Isso explica por que tendemos a permanecer dentro de nosso próprio campo quando as coisas vão bem, em vez de nos aventurarmos na Interseção. A maioria prefere ficar parada a perder o que tem. É confortável e em geral muito prudente avançar a passos pequenos e controlados, tendo a certeza de colher os ganhos que sabemos que estão garantidos. Um cientista com boa posição em seu campo pode manter seu status se expandir a própria área. Uma empresa que está liderando num mercado ou produto específico vai permanecer nesse mercado o maior tempo possível. Afinal, nós nos sentimos idiotas quando desperdiçamos um ganho seguro. A conclusão disso tudo é que relutamos em experimentar nossas idéias intersecionais porque assumir riscos pode prejudicar nosso nível atual de status e segurança.

Esse comportamento apresenta um contraste marcante com nossas ações quando as coisas não vão bem. Geralmente, é aí que corremos riscos realmente grandes, quando estamos dispostos a tentar algo de novo. Por exemplo, uma empresa pode testar uma estratégia radical e arriscar tudo quando nada mais estiver funcionando. Indivíduos que temem ser demitidos podem ver nisso uma oportunidade de testar uma idéia nova. O mesmo se aplica a cientistas que trabalham em campos para os quais os financiamentos estão escasseando. Eles não têm escolha a não ser entrar num campo novo, às vezes fazendo descobertas intersecionais notáveis.

O problema em tudo isso é que, se só estivermos dispostos a assumir riscos e a buscar interseções quando não estivermos nos saindo bem, prejudicaremos nossas chances de sucesso. Esse é o momento em que tendemos a perder recursos, contatos, credibilidade e tempo. É quando temos a menor chance de executar, superando os fracassos. Em vez disso, deveríamos tentar inovar e correr mais riscos quando as coisas vão bem. Quando estamos tendo sucesso é que temos a maior chance de suportar um fracasso, um passo necessário na realização de idéias intersecionais.

Tanto Richard Branson quanto Howard Berke conseguiram evitar essa armadilha comportamental. Branson abriu sua empresa aérea quando a Virgin Music estava indo muito bem. Todos os outros membros da empresa estavam pensando em maneiras de avançar dentro do campo da música. Richard Branson, por outro lado, viu uma oportunidade de tentar algo realmente diferente e a aproveitou. Berke faz a mesma coisa. Se a empresa do momento estiver bem, ele a deixará e procurará outra idéia intersecional. Ele percebe que esta é sua melhor chance de trocar de campo e viver para contar a história.

ARMADILHA 2: O TEMPO PASSADO NUM CAMPO É UMA RAZÃO PARA PERMANECER NELE

Imagine que você tenha investido 10 milhões de dólares no desenvolvimento de uma nova tecnologia de energia solar, mas não tenha obtido resultados. Você investiria mais?

Talvez. Por outro lado, é possível que não. Depende, mas a resposta para isso não tem relação alguma com os 10 milhões de dólares que você já investiu. Qualquer livro de economia razoável lhe dirá que a decisão de investir mais tempo ou dinheiro deve basear-se no que vai acontecer no futuro. Os economistas chamam o dinheiro investido de "custo perdido", porque o capital investido foi embora e nada pode trazê-lo de volta. Ele está fora da equação e agora o que importa é o que o futuro pode trazer. Por exemplo, como resultado de sua tentativa inicial, você pode ter aprendido que a tecnologia não funciona e, nesse caso, não faz sentido investir mais. Ou você pode ter aprendido que a tecnologia não só funciona, como também é extremamente necessária, e nesse caso faz sentido investir mais. De uma forma ou de outra, o fato de já ter enterrado 10 milhões de dólares no projeto é essencialmente insignificante.

O mesmo princípio se aplica ao tempo gasto num campo. Se você já tiver passado anos nele, esse fato por si só pode convencê-lo a ficar ali, mesmo que seja uma causa perdida. Um amigo pode se queixar de que já não gosta do emprego, declarando: "Investi tanto nessa carreira que a essa altura não vale a pena sair." Tal como o medo da perda, esse é outro exemplo de risco relacionado ao envolvimento emocional. Se tivermos investido pesadamente, imaginamos que devemos continuar a investir. Mas a verdade é que, estejamos falando de dinheiro ou de tempo, ambos são custos perdidos. Como não podem ser recuperados, só o futuro importa. Essa armadilha emocional cria uma barreira substancial para se entrar na Interseção, mesmo que se tenham encontrado idéias extraordinárias que merecem ser perseguidas. Essa armadilha também é muito comum, difícil de evitar. Mas estar consciente dela torna mais fácil superá-la e nos ajuda a optar por seguir em frente. Tanto Berke quanto Branson revelam fortes emoções em relação a seus esforços criativos. No entanto, essas emoções sempre os impulsionam para a frente. O que eles fizeram no passado não se torna, por si só, um critério para o que devem fazer no futuro.

ARMADILHA 3: VEMOS OS RISCOS NA INTERSEÇÃO DE UMA PERSPECTIVA DIRECIONAL

Imagine que uma doença terrível tenha surgido em sua comunidade e você seja o profissional da área de saúde encarregado de tomar providências. Acredita-se que seiscentas vidas estejam em jogo e você pode escolher entre duas vacinas. A primeira salvará definitivamente duzentas vidas. A segunda é experimental e seu resultado é incerto: ela oferece uma chance de 33 por cento de que as seiscentas pessoas sejam salvas, mas uma chance de 67 por cento de que ninguém se salve. O que você faria?

Em seus estudos, Kahneman e Tversky descobriram que a maioria optaria por salvar duzentas vidas. Agora imagine que, em vez disso, você tenha de escolher uma das seguintes alternativas: com a primeira vacina, quatrocentas das seiscentas pessoas morrerão. A segunda vacina é experimental, de resultado incerto: há uma chance de 33 por cento de que ninguém morra e uma chance de 67 por cento de que todo mundo morrerá. O que você faria?

Nessa versão, 78 por cento dos entrevistados decidiram tentar a vacina experimental. Isso é muito interessante, considerando que as duas situações descritas são exatamente iguais, apenas estão expressas de formas diferentes. No primeiro caso, a situação descrita salva duzentas vidas e no segundo caso deixa quatrocentas pessoas morrerem. O comportamento das pessoas quanto a assumir riscos mudou significativamente dependendo de como entendiam as palavras "salvar" e "morrer".

Essa famosa experiência mostra que as pessoas são muito influenciadas pela maneira como um problema é apresentado. Considerando apresentações diferentes, a mesma situação pode parecer arriscada ou segura, até para a mesma pessoa. Kahneman e Tversky observaram que, quando os pesquisadores mostraram essa discrepância aos entrevistados, eles ficaram "tipicamente perplexos". Mesmo depois de reler o problema, ainda escolhiam a aversão ao risco representada pela versão das "vidas salvas". Essa pesquisa mostra que faz sentido examinar qualquer situação de risco de muitas perspectivas diferentes.

Infelizmente, em geral examinamos os riscos na Interseção de uma única perspectiva, que se adquire quando se trabalha num campo mais direcional. Os riscos nos campos estabelecidos são mais bem definidos. Neles, entendemos o que está em jogo. Mas, se usarmos as mesmas referências quando estamos avaliando as idéias da Interseção, sempre chegamos à conclusão de que a incerteza é grande demais. Mesmo a melhor idéia intersecional pode parecer arriscada demais se for examinada por critérios referenciais errados. E nos convenceremos a manter distância dela. Então, como podemos superar isso?

Todas as pessoas que encontrei conseguiram mudando a perspectiva em relação aos riscos intersecionais. Howard Berke, por exemplo, concentra-se em *aprender*. "Nasci pobre e provavelmente vou morrer pobre, mas nesse meio-tempo vou ter aprendido e aproveitado muito", diz ele. Berke quer entender como funcionam novas indústrias e estar na vanguarda dos novos campos. Vista desse ângulo, sua dedicação a idéias intersecionais parece muito menos arriscada; parece até segura. Richard Branson valoriza a *diversão* de fazer algo diferente. Este é seu "critério de negócios mais importante". Hoje, a estratégia dele é fazer a interseção dos negócios da Virgin com uma variedade de campos e indústrias diferentes. Ele não sabe de início se alguma coisa vai funcionar, mas, se envolver coisas divertidas e intrinsecamente motivadoras, ele corre um risco muito pequeno de se entediar.

Marcus Samuelsson tem outra perspectiva: "Fazer algo de forma diferente, poder fazer o que ninguém fez antes, *é minha única chance de fazer isso*", diz ele. Se ele estivesse preso em um campo de culinária estabelecido, teria sido muito mais difícil inovar. John Seely Brown assinala que é praticamente impossível não sair da Interseção, "aquele espaço em branco entre disciplinas", sem *um conjunto amplamente expandido de oportunidades futuras*, independentemente de a idéia ter sido um sucesso ou um fracasso.[6] Portanto, explorar as idéias intersecionais sempre trará benefícios – o que faz disso uma proposta de risco bastante baixo.

Eis outra visão dessa troca de perspectiva: a Interseção liberta grandes poderes criativos por meio da explosão de combinações de conceitos. Se seu objetivo é fazer inovações revolucionárias, essa explosão representa uma mina de ouro de idéias. Seria loucura não começar a cavar.

Admitir o risco e o medo

Na autobiografia de Richard Branson existe uma passagem que não deixa nenhum leitor impassível. Quando ela começa, Branson está planejando cruzar o oceano Pacífico, do Japão aos Estados Unidos, num balão de ar quente, na companhia de seu colega Per.

> *Per me revelou seu maior medo quando já era tarde demais. Estávamos num avião a caminho do Japão quando ele confessou que não tinha conseguido testar a cápsula numa câmara de pressão para ter 100 por cento de certeza de que ela resistiria a uma altitude de 12 mil metros. Nessa altitude, se uma janela quebrasse, teríamos sete ou oito segundos para colocar as máscaras de oxigênio.*
>
> *"Vamos ter que mantê-las à mão", advertiu Per, com seu jeito tranqüilo de sempre. "E é claro que, se alguém estiver dormindo, será preciso colocar a máscara e fazê-la funcionar em três segundos para depois colocar a máscara na outra pessoa em três segundos, com uma margem de dois segundos para cometer um erro."*[7]

Por que Branson se colocaria numa situação como essa? O sujeito *tem* uma companhia aérea. Por que vai cruzar o Pacífico num balão? Isso simplesmente não parece normal. De fato, há menos de cem anos psicanalistas chegaram à conclusão de que pessoas como Branson, que procuram situações de risco, são lunáticas. É claro que Branson vê isso de outra maneira. "Nunca penso que vou morrer num acidente, mas, se isso acontecer, só posso dizer que estava errado e que os realistas empedernidos que mantêm os pés no chão estavam certos – mas pelo menos eu tentei." Isso pode parecer uma atitude arrogante, mas desse comentário e da passagem anterior podemos extrair duas ferramentas importantes para superar o medo: a primeira é reconhecer o medo e a segunda é admitir que podemos errar.

Quando sentimos medo, o corpo humano deixa isso muito claro. As reações fisiológicas ao medo são bem documentadas. Quando você reconhece uma situação perigosa, sua pressão arterial aumenta, os batimentos cardíacos se aceleram, a boca fica seca e as palmas das mãos, suadas. O sangue é drenado de áreas menos importantes, como o estômago, e redirecionado para os músculos, fazendo você se sentir nervoso e com o estômago embrulhado. Ficamos extremamente alertas, cheios de adrenalina, com todos os sentidos aguçados e prontos para o que der e vier.

Hoje em dia, a natureza do perigo mudou, mas nossa resposta a ele não. Em vez de ter um leão se aproximando para atacá-lo, e a seus filhos, você pode estar sentado no quarto no meio da noite e ouvir um ruído estranho na cozinha. Seu corpo reage em milissegundos. Essa resposta automática é disparada mesmo que não haja uma ameaça física iminente. Ela pode ser disparada por uma decisão crucial, como deixar o emprego, mudar a estratégia de sua empresa, vender suas idéias a uma platéia difícil – ou mesmo por uma coisa simples como fazer um pedido de compra. Em última análise, nossa compreensão dos riscos se resume a esse sentimento de medo. Como controlá-lo?

A maneira mais eficaz de combater o medo é admiti-lo. Quando a Nasa estudou os efeitos das viagens espaciais sobre os astronautas, observou que alguns sofriam regularmente de enjôo causado pelo movimento ou de estresse, o que a agência espacial considerou manifestações de medo. Outros astronautas não passavam por isso. A agência espacial concluiu que a maior diferença entre os dois grupos era o fato de o segundo grupo ter admitido antecipadamente que teria medo, enquanto o primeiro grupo não admitira.[8]

O que significa admitir o medo? Para início de conversa, você precisa aceitar o que está em jogo e admitir que pode perder. Com freqüência, isso significa estar suficientemente à vontade para saber que, se tudo for perdido, mesmo assim você poderá seguir adiante. "Se você estiver apostando a casa, é melhor poder juntar os pedaços se as coisas não acontecerem como você espera", diz Peter Bernstein.[9] Isso é diferente de simplesmente aceitar um certo risco de fracasso. Se alguém o desafia a ganhar 300 dólares ou perder 150 dólares, você pode aceitar a aposta. Mas se a mesma pessoa o desafiar, com a mesma probabilidade, a ganhar 500 mil dólares ou perder sua casa avaliada em 250 mil dólares, você provavelmente vai recusar a aposta. Embora o risco de fracasso seja o mesmo, a maioria não consegue lidar com a perda da própria casa.

Nem sempre podemos escapar de nossos temores, mas podemos administrá-los. Ao aceitá-los, reconhecendo que podemos errar e ficando confortáveis com o que acontecer se errarmos, podemos avançar com muito mais eficiência rumo à realização de nossas idéias na Interseção. Nas palavras de Mark Twain: "A coragem é a resistência ao medo, o domínio sobre o medo, e não a ausência do medo."

A coragem de seguir em frente

Todos nós temos peculiaridades emocionais que nos impelem para a inovação direcional e para longe da Interseção. Se estivermos conscientes disso, poderemos neutralizar sutilmente esse impulso e enfrentar nossos temores. É isso o que Branson e Berke fazem e nós também podemos fazer.

Mas esse é um conselho difícil de seguir, mesmo que você esteja consciente de seus medos. Considere o que Larry Susskind, professor do MIT e professor visitante da Harvard Law School, me disse um dia.[10] Embora nunca tenha se formado em direito, Susskind é especialista em negociações e mediou grandes disputas em todo o mundo, na maioria dos tipos de indústria. Durante sua carreira, ele ziguezagueou por uma imensa quantidade de campos. Formou-se em inglês, fez doutorado em planejamento urbano e depois trabalhou como diretor externo de uma empresa de consultoria ambiental, como consultor de planejamento, assessor de negociações e analista de políticas, tendo atuado na China, na Espanha, no Japão e em Israel. Com isso tudo, tornou-se um dos líderes mais inovadores na resolução de conflitos. Portanto, eu lhe perguntei certa manhã se ele acreditava que suas percepções teriam sido possíveis se ele tivesse permanecido em um campo estabelecido e evitado a Interseção.

"Não", admitiu ele, reclinando-se em sua cadeira. "Acredito nisso, realmente acredito. O maior risco é não assumir riscos." Ele hesita por alguns segundos, antes de prosseguir: "Mas o que acontece quando você tem de aconselhar as pessoas que você ama, como seus filhos? Eu não sei o que dizer a meus filhos. Devo lhes dizer que tudo o que você precisa fazer é correr riscos, não se especializar, não focalizar? Eu sei que se especializar será bom para a vida deles. Portanto, simplesmente não sei. Não sei o que dizer a eles."

Nem eu. Depende. Susskind buscou a interseção de disciplinas e culturas e abriu novos campos por causa disso. Mas será que os filhos dele terão a mesma propensão à descoberta? Talvez tenham, talvez não. Talvez eles partam para melhorar o mundo dentro de campos bem estabelecidos e talvez façam isso melhor do que qualquer um antes deles. Como todos nós, os filhos dele um dia terão de tomar as próprias decisões. Contudo, o que sei é que, se quiserem abrir novos caminhos, entrar na Interseção dará a eles muitas oportunidades de fazer isso – hoje mais do que nunca. Esta é a melhor chance que temos de mudar o mundo. Devemos aceitá-la.

CAPÍTULO quinze

Entre na Interseção...

E CRIE O EFEITO MEDICI

EXISTE UM MITO segundo o qual o vidro é um líquido que em temperaturas normais parece ser um material sólido. Mas, se você tiver a paciência e a capacidade de olhá-lo com atenção, verá que na verdade ele está fluindo lentamente, como uma cola muito espessa, muito aderente. Esse mito provavelmente tem origem na observação de vitrais de igrejas antigas, que parecem mais espessos na parte de baixo que no alto. Isso se tornou uma lenda urbana, algo que até professores e pais bem informados contam às crianças. Mas não é verdade.

Egon Orowan, do MIT, comenta esse fenômeno: "Metade das peças de um vitral é mais espessa embaixo. Mas a outra metade é mais espessa no topo."[1] Se o vidro fluísse com a velocidade que esse mito quer que acreditemos, os frascos de vidro das tumbas egípcias seriam poças hoje. Mas é fácil ver como uma lenda como essa pode se firmar. O vidro tem algo de misterioso. É transparente; pode ser moldado e refeito com o uso de calor; tanto pode quebrar a luz quanto direcioná-la; e pode nos ajudar a ver as coisas a longas distâncias. Sim, o vidro tem propriedades incríveis, mas a maioria delas é resultado de fabricação. E de centenas de anos de inovações.

O "fluxo" observado nas janelas das antigas igrejas é resultado do processo irregular de fabricação da época. Hoje, a produção de vidro passa por avanços mais rapidamente do que nunca. Pense, por exemplo, na maravilha de algo chamado fibra ótica. Fibras óticas são vidros estirados, finos como um fio de cabelo. Essas fibras podem cobrir grandes distâncias e nos últimos anos foram instaladas ao longo de imensas extensões de terra em todos os continentes do mundo. Em uma das extremidades, um laser pode piscar dez bilhões de vezes por segundo, enviando uma quantidade imensa de informações por um único fio de vidro que pode cruzar um continente inteiro. Um fio de vidro da espessura de um cabelo pode transmitir cinco milhões de conversas ao telefone simultâneas.

Uma empresa tem feito mais inovações com vidro do que qualquer outra no mundo. Essa empresa, a Corning, Inc., tem um laboratório em Sullivan Park, Nova York, onde pesquisadores passam seu tempo caçando interseções entre as várias maneiras de usar o vidro e os fundamentos da física, da matemática e da química. Diariamente, mais de cem tipos de experiências com vidro são realizadas em Sullivan Park. O prédio da empresa abriga o que pode ser considerado um dos grupos de pesquisa mais inovadores dos Estados Unidos.

A Corning tem uma longa história de inovação. Desde sua fundação, há mais de 150 anos, a empresa afetou nossa vida de formas imperceptíveis. Criou e fabricou os bulbos de vidro para as lâmpadas de Thomas Edison. Fez os tubos de imagem coloridas para praticamente todos os aparelhos de televisão nos Estados Unidos. Produziu o vidro do termômetro e o vidro das telas de cristal líquido de aparelhos eletrônicos, e dominou esses dois mercados. Talvez sua inovação mais difundida seja a tigela de vidro (vendida pela Pyrex) que vai diretamente do freezer ao forno sem risco de quebrar. E, é claro, eles inventaram as fibras óticas, que se tornaram a base de todo o crescimento explosivo das comunicações. Em outras palavras, a Corning é uma dessas raras empresas que conseguiram continuar sendo de ponta por mais de cem anos.[2]

Como a empresa chegou a esse ponto? Se alguém tem a resposta, trata-se de Lina Echeverria, chefe do grupo de pesquisa de vidro. O departamento dela é o mais controlado na empresa, e aquele do qual a Corning depende para ter sucesso no futuro. Echeverria é colombiana. Veio para os Estados Unidos depois de passar alguns anos fazendo pesquisas na Alemanha. A primeira coisa que se nota nela é sua personalidade incrivelmente forte. Ela é muito animada, cheia de energia e de histórias.

Quando fala de seus primeiros dias, estudando rochas magmáticas numa ilha na costa da Colômbia, sua voz se enche de excitação.[3] "Era a ilha de Górgona, onde Pizarro perdeu 90 por cento de seus homens, picados por cobras. Havia cobras venenosas em toda parte. Meu parceiro de pesquisa foi embora depois de dois dias, ele simplesmente não agüentou", conta ela. Mas as cobras não eram a única condição fora do comum na pesquisa. "Além das cobras, a ilha inteira foi transformada num presídio para criminosos da pior espécie. Meu guia era um dos prisioneiros, porque era ele quem mais conhecia a ilha." Echeverria também estava acompanhada de um guarda armado, que ficava de olho no prisioneiro e nas cobras. "Sim, era muito emocionante", acrescenta ela.

Echeverria é apaixonada por quase tudo o que faz. E parece decidida a garantir que todos os outros também sejam. "Quero que os pesquisadores [da Corning] tenham a criatividade de Van Gogh, mas vivam como Michelângelo", diz ela. Eu pergunto o que ela diz a seus pesquisadores para estimulá-los a entrar no desconhecido e inovar. "Digo a eles que sigam seus corações", responde ela. "Sigam seus corações. Façam alguma coisa pela qual se interessem, alguma coisa que lhes dê energia. É daí que vem a paixão. E a criatividade vem da paixão", afirma.

Ela estimula as pessoas a interagir, compartilhar e colaborar para criar ou unir projetos pelos quais estejam entusiasmadas. Echeverria até criou uma "sala da criatividade" especial, onde as pessoas podem falar sobre qualquer coisa que tenham em mente, para promover uma fertilização cruzada de idéias.[4] "Você cria um grupo de pessoas que agem como caixas de ressonância", diz ela. Em geral, as pessoas têm de ser guiadas para encontrar essas conexões. Echeverria considera sua habilidade para "colocar a pessoa certa no projeto certo" a parte mais importante de seu trabalho.

Ela me conta uma história sobre Doug Allen, um físico teórico da Corning que passava a maior parte no tempo sentado num canto do laboratório, trabalhando em pesquisa de ponta de mecânica quântica. Lina achava que Allen era mais sociável do que dava a perceber, portanto convidou-o a fazer parte de uma equipe que elaborava um produto, coisa que ele nunca tinha feito. Ao levar seu conhecimento sobre o produto para o grupo, Allen subitamente conseguiu que seu trabalho tivesse mais impacto sobre os lucros da empresa do que tudo o que havia feito nos oito anos anteriores.

Essa, portanto, é uma razão pela qual a Corning conseguiu permanecer por tanto tempo na vanguarda. A empresa mantém seus funcionários apaixonadamente à procura de novas interseções. É uma estratégia que lhes será de grande valia no futuro, tendo em vista que o número de interseções no mundo continua a crescer. Vimos dezenas de exemplos disso ao longo deste livro. Conhecemos equipes e indivíduos que procuraram e encontraram interseções entre disciplinas, culturas, conceitos e domínios. Uma vez ali, eles puderam inovar como nunca antes, criando o Efeito Medici. Esta é a mensagem deste livro. O que resta dizer?

Algumas coisas. Quero deixar vocês com três pontos-chave. Eles representam minha última chance de inspirá-los a buscar a Interseção. E vou aproveitá-la.

O futuro está na Interseção: encontre seu caminho lá

NESTE LIVRO, falei sobre jogos e sistemas de navegação, sobre comida e empresas de energia solar. Essas e incontáveis outras áreas estão ficando cada vez mais conectadas graças a três forças motrizes – a migração de pessoas, a convergência das ciências e o salto da computação.

Por exemplo, um dia eu conversava com Michael Dukakis, ex-governador de Massachusetts. Além de ter concorrido com George Bush, pai, na eleição presidencial de 1988, ele também é conhecido por ter criado em seu estado um sistema de saúde que é referência nacional. Ele assinalou como o problema da assistência médica se tornou interdisciplinar. "Temos médicos, organizações de manutenção de saúde, enfermeiros, seguradoras, sindicatos e empregados, companhias farmacêuticas e governos insatisfeitos e irritados e, no entanto, estamos pagando pela prestação de assistência médica o dobro do custo do resto do mundo ocidental." Ele estava convencido de que a solução poderia ser encontrada na interseção desses campos.

O mesmo pode ser dito em relação à crescente batalha contra o terrorismo global, em que pequenos grupos terroristas com financiamento independente e mobilidade global desafiam as táticas de defesa tradicionais. O recém-criado Departamento de Segurança Interna dos EUA tenta lutar essa guerra unindo 22 entidades federais diferentes, inclusive o Serviço de Naturalização e Imigração, a Guarda Costeira e o Serviço Secreto. Se essas instituições conseguirem derrubar as barreiras existentes entre elas, talvez vejamos abordagens inovadoras para fazer frente à ameaça. Analisemos também o aquecimento global: cientistas, entre os quais químicos, oceanógrafos, ecologistas e geólogos, trabalham juntos para entendê-lo e prever seus efeitos.

As soluções para as ameaças terroristas, para as crises na assistência médica e para os problemas ambientais são multifacetadas e não se encaixam facilmente em campos distintos. Mas o mesmo se aplica às soluções para desafios menos dramáticos como design de moda, inovação de produtos e filmes de animação. Em todas as áreas, científicas ou humanas, de negócios ou política, há uma necessidade crescente de conectar e combinar conceitos de campos diferentes. É assim que encontraremos novas oportunidades, superaremos novos desafios e adquiriremos novas percepções. Essa é a maneira como criaremos nosso futuro. O futuro está na Interseção, e se você deseja ajudar a criá-lo, encontre seu caminho ali.

Espere o inesperado, porque as Interseções estão em toda parte

TUDO SE CONECTA de uma forma ou de outra. O segredo é ver como as coisas se conectam e, então, saber como usar essas conexões. Este livro ofereceu várias maneiras de fazer exatamente isso. Muitos dos conselhos se resumem a: *esperar o inesperado*. Se você fizer isso, começará a ver o mundo de uma nova perspectiva. Subitamente, encontrará interseções em toda parte. Conversas ao acaso, reuniões ou projetos começarão a se juntar de maneiras estranhas, mas curiosas. Conceitos aparentemente não-relacionados vão se conectar de maneiras que você não achava que fossem possíveis.

Quem teria imaginado que, quando fosse a Multnomah Falls, Richard Garfield teria a idéia que conectou objetos de coleção a jogos de cartas e que essa conexão mudaria para sempre o mundo dos jogos? Creio que ninguém poderia ter previsto que Deborah Prothrow-Stith encontraria a conexão entre a prevenção de violência e a assistência médica. Hoje, essa interseção de campos parece óbvia, mas nem sempre foi assim. Ela a enxergou às 3h de uma madrugada fria de janeiro, numa sala de emergência em Boston. Alguém poderia ter imaginado que o encontro do engenheiro de telecomunicações Eric Bonabeau com o ecologista Guy Theraulaz acabaria ajudando motoristas de caminhão a encontrar o caminho nos Alpes suíços? Provavelmente não, embora pudéssemos ter imaginado que *alguma coisa* inesperada resultaria das discussões deles.

Esta é a natureza das idéias intersecionais. Se você permitir, elas vão acontecer, mesmo que você não saiba exatamente quando ou onde. Mas, quando você esbarrar numa delas, esteja preparado para isso. Prepare-se para ser surpreendido. Espere o inesperado.

Existe lógica na Interseção, mas essa lógica não é óbvia

A NATUREZA INESPERADA da Interseção faz dela um lugar de incertezas. É o território desconhecido onde o conhecimento e a experiência do passado não são bons guias. Ele vira de cabeça para baixo nossa maneira habitual de ver o mundo. Estamos acostumados a escolher um destino e seguir em direção a ele. Isso é um senso comum; isso é lógico. Mas a Interseção é um lugar onde precisamos deixar para trás muitas de nossas idéias preconcebidas. *Existe* lógica nas idéias intersecionais, mas essa lógica não é óbvia.

A lógica óbvia nos diz, por exemplo, que faz sentido preparar um orçamento e um plano detalhado de execução quando buscamos uma idéia direcional. O que não é tão óbvio é que fazer isso na Interseção pode levar ao fracasso. A lógica óbvia nos diz para estabelecer estruturas de recompensa claras e detalhadas quando buscamos uma idéia direcional. O que não é tão óbvio é que isso será prejudicial na Interseção. A lógica aparentemente óbvia nos diz que ter mais recursos é algo que deve reduzir o risco de fracasso na Interseção. O que não é tão óbvio é que, quanto mais recursos tivermos, mais recursos usaremos – e assim o risco de fracasso continuará o mesmo. Também podemos achar estranho não termos mais chance de conseguir uma inovação revolucionária se nos especializarmos em um campo. Porém, se entrarmos na Interseção, poderemos ir de meras 2.400 combinações de conceitos disponíveis para quase seis milhões – como competir com isso?

Nem tudo o que acontece na interseção de culturas, disciplinas, conceitos e domínios é óbvio. Mas, quando você compreende as regras da Interseção, isso começa a fazer sentido.

Dê o salto

HÁ HOJE EM DIA mais razões do que nunca para se procurar a Interseção. As disciplinas e culturas estão se conectando mais rapidamente, com mais freqüência e em mais lugares do que nunca. Neste livro, observamos pessoas que estão se beneficiando dessas forças ao explorar a interseção de campos. Veremos outros, muitos outros, como esses.

Todos nós podemos criar o Efeito Medici, porque todos nós podemos chegar à Interseção. A vantagem será daqueles que tiverem a mente aberta e a decisão de ir além do próprio campo de especialização. Será daqueles que romperem barreiras e permanecerem motivados em meio aos fracassos. Mas todos nós podemos fazer isso.

A maioria deseja conectar idéias e conceitos de nossas diferentes experiências. Então, por que não buscar ativamente essas conexões? Enquanto escrevia este livro, encontrei muitas pessoas que trabalhavam numa área que consideravam interessante, mas que ao mesmo tempo manifestavam interesse acentuado por outra área. Alguém que trabalha no mundo sem fins lucrativos poderá querer usar suas idéias em práticas lucrativas; outra pessoa poderá desejar estabelecer uma ligação entre duas culturas diferentes. "Se eu conseguisse encontrar uma maneira de conectar esses dois campos, de reunir as peças", dizem elas, "poderia produzir alguma coisa fantástica, alguma coisa nova." Bem, elas estão certas.

Em nosso mundo, realmente faz sentido combinar ouriços-do-mar com pirulitos, acordes de guitarra com solos de harpa e discos com empresas aéreas. Em nosso mundo, faz sentido haver algo em comum entre aranhas e leite de cabra, ou alguém criar uma empresa de baterias solares num dia e uma fábrica de biscoitos no dia seguinte. Assim como os criadores da Florença do século XV, é assim que abrimos novos caminhos; é assim que inovamos.

Em muitos aspectos, o mundo é como um gigantesco Peter's Café, o lugar onde marinheiros de todos os portos do planeta param para uma cerveja, uma conversa, uma oportunidade de misturar e combinar idéias. O mundo está conectado e existe um lugar onde essas conexões são feitas – um lugar chamado Interseção.

Tudo o que temos de fazer é encontrá-lo... e ousar entrar ali.

Notas

Introdução

1. Donald McNeil, "Termite Mounds Inspire Design for African Office Complex", *The New York Times*, 13 de fevereiro de 1997.

2. Extraído de "Ant Hill", artigo de Lindsay Johnston que descreve o Eastgate, entre outros prédios. Veja www.fourhorizons.com.au/lindsay/ar_articles/ar_74.pdf.

3. Para um ótimo retrato da vida, da filosofia e das conquistas de George Soros, leia Michael Kaufman, *The Life and Time of a Messianic Billionaire* (Nova York: Alfred A. Knopf, 2002). Para um bom relato sobre como George Soros integrou a filosofia a suas estratégias comerciais, veja também George Soros, *The Alchemy of Finance: Reading the Mind of the Market* (Nova York: Simon & Schuster, 1987).

Capítulo 1

1. Você pode ver esse jogo no site donoghue.neuro.brown.edu/multimedia.php.

2. Mijail Serruya et al., "Instant Neural Control of a Movement Signal", *Nature*, 14 de março de 2002.

3. Emily G. Boutilier, "Monkey Mind: The Most-Reported Brown Science Story Ever?", *Brown Alumni Monthly*, maio/junho de 2002.

4. Leon Cooper, entrevista ao autor, Brown University, Providence, Rhode Island, agosto de 2001.

5. Mark Williams, "Profile: For Leon Cooper, Biology and Technology Are Merging", *Red Herring*, janeiro de 2000.

6. Há muitos outros. O interesse de Leon Cooper em combinar campos pode também ser encontrado em seus ensinamentos na Brown University. Ele desenvolveu, por exemplo, um curso de introdução em física que dá créditos a trabalhos em arte dramática!

7. As citações nesse parágrafo provêm do seguinte artigo: Scott Turner, "Researchers Demonstrate Direct, Real-Time Brain Control of Cursor", *George Street Journal*, 15 de março de 2002. As informações restantes provenientes de Serruya neste capítulo provêm de uma entrevista pessoal e correspondência durante o verão e o outono de 2002.

8. John Donoghue, entrevista ao autor, agosto e setembro de 2002.

9. Teresa Amabile, *Creativity in Context* (Boulder: Westview Press, 1996), 35-37.

10. Robert Sutton, *Weird Ideas That Work* (Nova York: Free Press, 2002).

11. Sarnoff Mednick enfatiza esse ponto em seu ensaio pioneiro, "The Associative Basis of the Creative Process", *Psychological Review* 69, nº 3 (1962): 220-232.

12. Embora sejam inúmeras as tentativas de encontrar uma critério objetivo para a criatividade e a inovação, essas abordagens apresentam vários defeitos. Veja o livro de Teresa Amabile, *Creativity in Context*, para uma discussão detalhada sobre isso. Mihaly Csikszentmihalyi é forte defensor do uso da sociedade como medida para uma idéia criativa. Seus argumentos estão descritos com maior abrangência em *Creativity: Flow and the Psychology of Discovery and Invention* (Nova York: Harper Perennial, 1996).

13. Csikszentmihalyi, *Creativity*, 23.

14. Richard Dawkins, *The Selfish Gene* (Oxford, Reino Unido: Oxford University Press, 1976).

15. Ibid., 192.

16. A maioria das informações acadêmicas disponíveis para esse campo pode ser encontrada on-line. Veja, por exemplo, http://jom-emit.cfpm.org/ para uma das revistas mais proeminentes.

17. Veja, por exemplo, o livro de Robert Wright Nonzero: *The Logic of Human Destiny* (Nova York: Vintage Books, 2001).

18. A pessoa que levou essa idéia em particular mais longe é Seth Godin. Leia seu livro *Unleashing the Ideavirus* (Nova York: Hyperion, 2001) para uma descrição abrangente de como os vírus de idéias podem ser usados para objetivos de marketing. Para ler sobre o Hush Puppy, veja Malcolm Gladwell, *The Tipping Point* (Nova York: Little Brown, 2000).

19. Provavelmente, o ensaio mais abrangente que discute esse equilíbrio é de James G. March, "Exploration and Exploitation in Organizational Learning", *Organizational Science* 2, nº 1: 71-87.

Capítulo 2

1. Thomas Friedman, *The Lexus and the Olive Tree* (Nova York: Anchor House, 2000).

2. Há muitas fontes diferentes para essa história, sem qualquer versão definitiva. A principal fonte para esse relato está em www.allthingscherokee.com.

3. "Half a Billion Americans", *The Economist*, 22 de agosto de 2002.

4. Organization for Economic Co-operation and Development, Trends in International Migration: *Continuous Reporting System on Migration* (Paris: OECD, 2001).

5. Peter Drucker, "The Next Society: A Survey of the Near Future", *The Economist*, 3 de novembro de 2001.

6. "Shakira", Contemporary Musicians 33, Gale Group, 2002, http://www.galegroup.com/free_resources/chh/bio/shakira.htm.

7. John Leland e Veronica Chambers, "Generation Ñ", *Newsweek*, 12 de julho de 1999.

8. Yvonne Chu, entrevista ao autor, Nova York, abril de 2003.

9. Jim Robbins, "Second Nature", *Smithsonian*, julho de 2002.

10. Talvez o mais forte defensor dessa maneira de ver o mundo seja John Horgan, autor de *The End of Science* (Nova York: Addison-Wesley, 1996).

11. "Seashells Yield Tough Secrets", *Christian Science Monitor*, 19 de agosto de 1997.

12. Alan Leshner, entrevista ao autor, agosto de 2003.

13. George Cowan, entrevista ao autor, março de 2002.

14. Robert Hagstrom, *Investing: The Last Liberal Art* (Nova York: Texere, 2000).

15. Pixar Annual Report, http://www.pixar. com/companyinfo/investors/annualreports/1996/.

16. Há inúmeros relatos sobre essa tendência. Verifique o site da Mouse Planet para ver uma história reveladora de David Koenig sobre como a Disney interrompeu seus esforços em animação tradicional: http://www.mouseplanet.com/david/dko30814.htm.

17. Mark Tracy, entrevistas ao autor, novembro de 2002 e março de 2003.

Capítulo 3

1. Ruth Reichl, "A New Chef Expands on the Swedish Tradition of Balancing Salty and Sweet", *The New York Times*, 29 de setembro de 1995.

2. As informações sobre o Aquavit e Marcus Samuelsson foram obtidas em entrevistas com Jennie Andersson, gerente de relações públicas do Aquavit, e no kit para imprensa do Aquavit.

3. Milford Prewitt, "Aquavit", *Nation's Restaurant News*, 22 de maio de 2000.

4. Marcus Samuelsson, entrevistas ao autor, fevereiro e abril de 2000 e fevereiro de 2003.

5. Esse exemplo é adaptado de outro no livro de Michael Michalko, *Cracking Creativity* (Berkeley: Ten Speed Press, 2001).

6. Uma excelente discussão sobre esse tema pode ser encontrada em Sarnoff Mednick, "The Associative Basis of the Creative Process", *Psychological Review* 69, nº 3 (1962): 220-232.

7. J. P. Guilford, *The Nature of Human Intelligence* (Nova York: McGraw-Hill, 1967).

8. Teste desenvolvido por H. J. Eysenck, *Genius: The Natural History of Creativity* (Cambridge: Cambridge Press, 1995).

9. Dean Simonton, *Origins of Genius* (Nova York: Oxford University Press, 1999).

10. A informação sobre como Darwin teve a idéia da evolução foi encontrada em http://www.aboutdarwin.com e http://www.pbs.org/wgbh/evolution/darwin/diary.

Capítulo 4

1. Donald Campbell, "Blind Variation and Selective Retention in Creative Thought as in Other Knowledge Processes", *Psychological Review* 67, nº 6 (1960): 380-400.

2. Dean Simonton, *Origins of Genius* (Nova York: Oxford University Press, 1999).

3. A. J. Lopez, G. B. Esquivel e J. C. Houtz, "The Creative Skills of Culturally and Linguistically Diverse Gifted Students", *Creativity Research Journal* 6 (1993): 401-412; e D. C. Carringer, "Creative Thinking Abilities in Mexican Youth", *Journal of Cross-Cultural Psychology* 5 (1974): 492-504.

4. Marcus Samuelsson, entrevista ao autor, fevereiro de 2002.

5. Paul Maeder, entrevista ao autor, dezembro de 2002.

6. Robert Sternberg, *Successful Intelligence: How Practical and Creative Intelligence Determinate Success in Life* (Nova York: Plume, 1997).

7. Thomas Kuhn, *The Structure of Scientific Revolutions* (Chicago: The University of Chicago Press, 1962).

8. Simonton, *Origins of Genius*.

9. Paul Israel, Edison: *A Life of Invention* (Nova York: John Wiley & Sons, 1998), 12.

10. Simonton, *Origins of Genius*.

11. Dois grandes livros que detalham esse tema são o clássico de John Adams, *Conceptual Blockbusting* (Nova York: Perseus Books, 1974), e Michael Michalko, *Cracking Creativity* (Berkeley: Ten Speed Press, 2001), 177.

12. A história sobre códigos e decifradores de códigos foi extraída do excelente trabalho de Simon Singh *The Code Book* (Nova York: Anchor Books, 2000).

13. Michael Michalko, *Cracking Creativity* (Berkeley: Ten Speed Press, 2001), 177.

14. O exercício de se tornar uma flor está em Michael Schrage, *Serious Play* (Boston: Harvard Business School Press, 2000).

15. Michalko, *Cracking Creativity*.

16. Markus Ahman, entrevista ao autor no Instituto de Água e Ar, em Estocolmo, Suécia, outubro de 2002. Veja também o livro informativo de A. Denny Ellerman et al., *Markets for Clean Air* (Cambridge: Cambridge University Press, 2000).

Capítulo 5

1. "Magic: The Gathering – Playing with Fantasy in a Postcinematic Form", em Kurt Lancaster, *Warlocks and Warpdrive: Contemporary Fantasy Enteirtainments with Interactive and Virtual Environments* (Jefferson, Carolina do Norte: McFarland, 1999), 47-58.

2. As afirmações sobre o mercado do Magic provêm de correspondência com Tod Steward, gerente de grupo de relações públicas da Wizards of the Coast, fevereiro de 2002.

3. Richard Garfield, entrevista ao autor, fevereiro de 2002.

4. N. R. Maier, "Reasoning in Humans: II. The Solution of a Problem and Its Appearance in Counsciouness", *Journal of Comparative and Physiological 12* (1931): 181-194.

5. Arthur Koestler, *The Act of Creation* (Londres: Penguin Arkana, 1964).

6. Arthur Koestler, "The Three Domains of Creativity", em D. Dutton e M. Krausz, eds., *The Concept of Creativity in Science and Art* (Haia, Holanda: Martinus Nijkoff Publishers, 1981).

7. Robert Johnson, "The Market Nobody Wanted", *Fortune*, 1º de agosto de 2002.

8. Sarnoff Mednick, "The Associative Basis of the Creative Process", *Psychological Review* 69, nº 3 (1962): 220-232.

9. Malcolm Gladwell, entrevista ao autor, março de 2002.

10. Dean Simonton fez um trabalho muito bom de classificação dos tipos diferentes de experiências acidentais. Veja Dean Simonton, *Origins of Genius* (Nova York: Oxford University Press, 1999).

11. Essa história é repetida freqüentemente na literatura sobre criatividade. Um ótimo resumo da descoberta de Pasteur pode ser encontrado em Arthur Koestler, *The Act of Creation*.

Capítulo 6

1. Um bom resumo das teorias sobre o que matou os dinossauros pode ser encontrado em http://www.ucmp.berkeley.edu/diapsids/extinction.html.

2. Luis Alvarez trabalhou com seu filho Walter Alvarez, que era geólogo.

3. Essa estratégia é sustentada por vários pesquisadores de criatividade. Dean K. Simonton sugere isso em *Origins of Genius* (Nova York: Oxford University Press, 1999). Ele também deixa claro que, às vezes, uma troca para outro campo leva a novas percepções, mas outras vezes, não. A diferença pode estar na capacidade da pessoa de romper barreiras associativas e cometer erros anteriores.

4. Edward DeBono, *New Think: The Use of Lateral Thinking in the Generation of New Ideas* (Nova York: Basic Books, 1968).

5. Orit Gadiesh, entrevista ao autor, março de 2002.

6. A história de Frank Herbert é uma reunião de informações da biografia de autoria de seu filho Brian Herbert, *The Dreamer of Dune: The Autobiography of Frank Herbert* (Nova York: Tor Books, 2003) e de http://www.arrakis.co.uk/herbert.html.

7. Quando foi lançado, *Duna* se tornou o primeiro romance de ficção científica a ganhar tanto o prêmio de ficção Hugo quanto o Nebula. Desde então, gerou cinco seqüências, cinco episódios anteriores, duas minisséries e um filme de longa-metragem.

8. Simonton, *Origins of Genius.*

9. A maneira como a equipe de Bletchely Park decifrou o Enigma é descrita no fascinante trabalho de Simon Singh *The Code Book* (Nova York: Anchor Books, 1999). Durante a guerra, a equipe também teve a ajuda de equipes militares que conseguiram capturar máquinas de Enigma em submarinos alemães.

10. A idéia de que os Estados Unidos devem parte de sua vantagem competitiva à sua diversidade tem sido sugerida por muitas pessoas. Eu a ouvi muitas vezes durante minha pesquisa, mais especialmente de Paul Lawrence, professor da Harvard Business School, e Luke Visconti, co-fundador da revista *Diversity Inc.*

11. Steve Miller, entrevista ao autor, agosto de 2003.

12. Donn Byrne, "Interpersonal Attraction and Attitude Similarity", *Journal of Abnormal and Social Psychology* 62 (1961): 713-715, e Donn Byrne, *The Attraction Paradigm* (Nova York: Academic Press, 1971).

13. Há um grande volume de literatura que ilustra os problemas das entrevistas não-estruturadas. O seguinte site contém um bom resumo dos estudos que descrevem esses problemas: http://www.hr.com/HRCom/FormTemplates/DDI-SEWPOI.pdf.

14. Robert Sutton, *Weird Ideas That Work* (Nova York: Free Press, 2002).

15. Teresa Amabile, "How to Kill Creativity", *Harvard Business Review*, setembro-outubro de 1998.

16. John Donoghue, entrevista ao autor, agosto e setembro de 2002.

17. Veja Dorothy Leonard e Susan Straus, "Putting Your Whole Company's Brain to Work", *Harvard Business Review*, julho-agosto de 1997.

18. Estudos verificaram isso. Veja, por exemplo, Thomas B. Ward et. al., "Creative Cognition", em *Handbook of Creativity*, ed. Robert Sternberg (Cambridge: Cambridge University Press, 1999).

19. Michael Michalko, *Cracking Creativity* (Berkeley: Ten Speed Press, 2001).

20. Richard Garfield, entrevista ao autor, fevereiro de 2002.

Capítulo 7

1. A história sobre como Håkan Lans teve a idéia do STDMA está em David Lagercrantz, *Håkan Lans: Ett Svenekt Geni* (Estocolmo: Bokförlaget DN, 2000).

2. Dean K. Simonton, *Origins of Genius* (Nova York: Oxford University Press, 1999).

3. Stanley Murray, "Virgin Billionaire: Polo.com Magazine's One-on-One with Sir Richard Branson", *Polo.com Magazine*, 2002.

4. Para uma lista completa dos trabalhos de Joyce Carrol Oates, veja http://www.usfca.edu/fac-staff/southerr/works.html.

5. Håkan Lans, entrevistas ao autor, janeiro de 2002-janeiro de 2003.

6. Informações sobre o STDMA estão disponíveis em http://www.gpc.se.

7. Robert Weisberg, "Creativity and Knowledge: A Challenge to Teories", em *Handbook of Creativity*, ed. Robert Sternberg (Cambridge: Cambridge University Press, 1999), fornece um exemplo de linha de lógica semelhante.

8. Simonton, *Origins of Genius*.

9. Stuart Whitmore, "Driving Ambition", *Asiaweek*, 25 de julho de 1999.

10. A pesquisa de Simonton está resumida em *Origins of Genius*, mas alguns fatos dessa seção provêm de seu trabalho anterior *Scientific Genius: A Psychology of Science* (Cambridge: Cambridge University Press, 1988).

11. Richard Branson faz um excelente relato dessa história em sua autobiografia *Losing My Virginity: How I Survived, Had Fun, and Made a Fortune Doing Business My Way* (Nova York: Times Business, 1998). Outro ótimo lugar para compreender bem essa história irresistível é o abrangente site de fãs de Mike Oldfield: http://www.tubular.net.

12. Andrew Valentine, "As Mike Oldfield Releases a New Album, an Astonishingly Frank Confession", *Daily Mail* (Reino Unido), 31 de agosto de 1998.

13. A citação de David Bedford está no *songbook Tubular Bells*, publicado pela Wise Publications.

14. Mike Oldfield vendeu cerca de 45 milhões de discos em sua carreira. Cada gravação teve vendas bastante variadas, mas ele tem tido grandes sucessos em todas as décadas, desde os anos 1970.

Capítulo 8

1. James Adams, *Conceptual Blockbusting: A Guide to Better Ideas* (Nova York: Perseus Books, 1974).

2. J. P. Guilford, *The Nature of Human Intelligence* (Nova York: McGraw-Hill, 1967).

3. Michael Michalko, *Cracking Creativity* (Berkeley: Ten Speed Press, 2001).

4. Ibid.

5. Tom Kelley, *The Art of Innovation* (Nova York: Doubleday, 2001).

6. Alex Osborn, *Applied Imagination: Principles and Procedures of Creative Problem Solving* (Nova York: Scribner, 1957).

7. Michael Diehl e Wolfgang Stroebe, "Productivity Loss in Brainstorming Groups: Toward the Solution of a Riddle", *Journal of Personality and Social Psychology* 53, nº 3 (1987): 497-509.

8. John Rossiter e Gary Lilien, "New Brainstorming Principles", *Australian Journal of Management 19*, nº 1 (1994): 61-71.

9. O processo de *brainwriting* foi descrito a mim por Teresa Amabile, professora da Harvard Business School.

10. Para os que acompanhavam a série assiduamente, há na verdade vários sites que listam as peripécias de MacGyver em cada episódio. Você pode encontrar uma boa lista em http://www.davidhales.net/macgiver/isms.

11. Teresa Amabile, "Creativity Under the Gun", *Harvard Business Review*, agosto de 2002 (edição especial).

12. Ibid.

13. Richard Garfield, entrevista ao autor, fevereiro de 2002.

14. Håkan Lans, entrevistas ao autor, janeiro de 2002-janeiro de 2003.

Capítulo 9

1. Minhas fontes para a história de Deborah Prothrow-Stith foram entrevistas realizadas na primavera de 2002 e 2003 e os dois livros dela: *Deadly Consequences* (Nova York: Harper Perennial, 1991) e *Murder Is No Accident: Understanding and Preventing Youth Violence in America* (Nova York: Wiley, 2004), escritos em co-autoria de Howard Spivak.

Capítulo 10

1. Richard Farson e Ralph Keyes, "The Failure-Tolerant Leader", *Harvard Business Review*, agosto de 2000 (edição especial).

2. Steve Kemper, *Code Name Ginger* (Boston: Harvard Business School Press, 2003).

3. Essas sugestões vêm de Robert Sutton, *Idéias malucas que funcionam* (São Paulo: Campus, 2002).

4. As estatísticas são de uma apresentação que a presidente da Vertex, Vicki Sato, fez no congresso de farma/biotec promovido em dezembro de 2002 pela ISO Healthcare, empresa de consultoria, em Nova York.

5. Uma ótima história sobre a Vertex Pharmaceuticals e suas primeiras estratégias e desafios está em Barry Werth, *The Billion Dollar Molecule: One Company's Quest for the Perfect Drug* (Nova York: Simon & Schuster, 1994).

6. Vicky Sato, entrevistada pelo autor em janeiro de 2003.

7. Pode-se ver uma demonstração na página da Vertex, <http://www.vrtx.com>.

8. Howard Gardner, *Mentes que criam* (Artmed, 1996).

9. Pat Dillon, "The Next Small Thing", *Fast Company*, junho/julho de 1998.

10. A menção a Picasso vem de Gardner, *Mentes que criam*.

11. Clayton Christensen, *Dilema da inovação* (São Paulo: Makron, 2001).

12. Existem dois livros excelentes sobre a Boo. O primeiro é: Ernst Malmsten (o fundador), Erik Portanger e Charles Drazzin, *Boo Hoo: $135 million, 18 months... a Dot.com Story from Concept to Catastrophe* (Londres: Arrow, 2001). O outro, escrito pelo repórter investigativo Gunnar Lindstedt, chama-se apenas *Boo.com* (Estocolmo: Forum AB, 2001).

13. Veja um texto abrangente sobre motivação intrínseca e sua relação com a criatividade em: Teresa Amabile, *Creativity in Context* (Boulder, Colorado: Westview Press, 1996). Ver também Mercer Mayer, *A Boy, a Dog, and a Frog* (Nova York: Dial Press, 1967).

14. Stephen King, citado em Amabile, *Creativity in Context.*

15. Jim Collins, *Good to Great: Why Some Companies Make the Leap... and Others Don't* (Nova York: HarperCollins, 2002).

16. John Seely Brown, entrevistado pelo autor em outubro de 2002.

17. Amabile, *Creativity in Context.*

18. Håkan Lans, entrevistado pelo autor em outubro de 2002.

Capítulo 11

1. Eric Bonabeau, entrevistado pelo autor no verão de 2003.

2. E. Bonabeau, M. Dorigo e G. Theraulaz. "Inspiration for Optimization from Social Insect Behavior", *Nature 406* (2000): 39-42.

3. Derrick Story, "Swarm Intelligence; An Interview with Eric Bonabeau", The O' ReillyNetwork, 21 de fevereiro de 2003, <http://www.oreillynet.com/pub/p2p/2002/02/21>.

4. Julia Flynn, "British Telecom: Notes from the Ant Colony", *Business Week*, 23 de junho de 1997.

5. Eric Bonabeau e outros. *Swarm Intelligence: From Natural to Artificial Systems* (Nova York: Oxford University Press, 1999).

6. Jeffery Rothfeder, "Expert Voices: Icosystem's Eric Bonabeau", *CIO Insight*, 11 de junho de 2003.

7. P. Gaudiano e outros, "Swarm Intelligence: A New C2 Paradigm with an Application to Control Swarms of UAVs" (artigo apresentado no 8th ICCRTS Command and Control Research and Technology Symposium, Washington, DC, 16-20 de junho de 2003). O trabalho ganhou o prêmio Gary F. Wheatley Best Paper Award.

8. Clayton Christensen, *Dilema da inovação* (São Paulo: Makron, 2001).

9. Ibid., 179.

10. Ver na página da Pixar uma visão geral da história da empresa: http://www.pixar.com.

Capítulo 12

1. http://www.chopra.com/archives/aboutdeepak.htm.

2. Deepak Chopra, entrevistado pelo autor, inverno de 2003.

3. Ver a página de Chopra, http://www.chopra.com, para ver a abrangência dos empreendimentos dele.

4. Para saber mais sobre a controvérsia do JAMA, ver, por exemplo: Andrew Skolnic, "The Maharishi Caper: Or How to Hoodwink Top Medical Journals", *The Newsletter of the National Association of Science Writers*, outono de 1991.

5. Linus Torvalds e David Diamond, *Só por prazer-Linux – Bastidores da sua criação* (Campus, 2001).

6. Jim Kerstetter et al., "The Linux Uprising: How a Ragtag Band of Software Geeks Is Threatening Sun and Microsoft and Turning the Computer World Upside Down", *BusinessWeek*, 3 de março de 2003.

7. Mais informações sobre esse debate estão no livro de Torvalds, *Só por prazer*, e na página criada por Ragib Hasan, na qual é descrita a ascensão do Linux: http://ragib.hypermart.net/linux/.

Capítulo 13

1. Richard Branson, *Perdendo minha virgindade* (Editora de Cultura, 1999).

2. Essas questões são discutidas em detalhes no livro de Peter Bernstein, *Desafio aos deuses* (Campus, 1997). A citação de Keynes também é desse livro.

3. Comissão Européia, *Fostering Entrepreneurship in Europe: Priorities for the Future*, junho de 2000.

4. Howard Berke, entrevistado pelo autor em dezembro de 2002 e no verão de 2003.

5. Charles Smith, "History of Solar Energy: Revisiting Solar Power's Past", *Technology Review*, julho de 1995.

6. Gerald Wilde, entrevistado pelo autor no verão de 2003.

7. Esse e outros exemplos de homeostase do risco neste capítulo são do livro de Gerald Wilde, *O limite aceitável de risco: uma nova psicologia sobre segurança*

e saúde. O que funciona? O que não funciona? E por quê? (São Paulo: Casa do Psicólogo, 2005). A primeira edição desse livro pode ser encontrada em <http://pavlov.psyc.queensu.ca/target/>.

Capítulo 14

1. Adam Lashinsky, "Under Fire: Now for The Hard Part", *Fortune*, 3 de novembro de 2002.
2. Peter Bernstein, *Desafio aos deuses* (Campus, 1997).
3. Neste capítulo, toda a discussão sobre a pesquisa de Tversky e Kahneman veio do livro de Peter Bernstein, *Desafio aos deuses*, e do documento de trabalho de Richmond Harbaugh, "Skill Reputation, Prospect Theory and Regret Theory", Claremont Colleges, Claremont, Califórnia, março de 2002.
4. Kahneman ganhou o Prêmio Nobel de Economia em 2002 por essas descobertas; àquela altura, Tversky já tinha morrido.
5. Bernstein, *Desafio aos deuses*.
6. Marcus Samuelsson, entrevistado pelo autor em fevereiro e abril de 2002 e fevereiro de 2003; John Seeley Brown, entrevistado pelo autor em outubro de 2002.
7. Richard Branson, *Perdendo minha virgindade* (Editora de Cultura, 1999), 213.
8. James McCormick, "How Overcoming Fear Can Boost Your Career", *Career-Journal.com* <http://www.careerjoumal.com/myc/climbing/19981105-mccormick.html>.
9. Bernstein, *Desafio aos deuses*, 116.
10. Larry Susskind, entrevistado pelo autor, abril de 2002.

Capítulo 15

1. Robert Brill, "No It Doesn't Flow", *The Corning Museum of Glass*, julho de 2000, <http://www.glassnotes.com/WindowPanes.html>.
2. Charles Fishman, "Creative Tension", *Fast Company*, novembro de 2000.
3. Lina Echeverria, entrevistada pelo autor em outubro de 2002.
4. A sala de criatividade também é discutida em um artigo de Lee Bruno, "Putting Quirks to work," *Red Herring*, 3 de julho de 2002.

Índice

Sobre o autor

FRANS JOHANSSON é um consultor que escreve e faz palestras sobre todos os tipos de interseção. Ele fundou e dirigiu a Inka.net, uma empresa de software situada em Boston, e foi vice-presidente de desenvolvimento de negócios da Dola Health Systems, uma empresa da área de equipamentos médicos que atua em Baltimore e na Suécia. Johansson escreveu sobre uma ampla gama de tópicos, de administração e pesca a jogos de fantasia.

O autor tem MBA na Harvard Business School e bacharelado em ciência ambiental na Brown University. Nascido e criado na Suécia, atualmente vive na cidade de Nova York.

Este livro foi composto na tipologia Adobe Jenson Pro,
em corpo 13/17,2 e impresso em papel pólen soft 80g/m²
no Sistema Cameron da Divisão Gráfica da Distribuidora Record.